Théâtre

-D'HARLEVIL

L'OPTIMIS

OU

L'HOMME TOUJOURS CONTENT

COMÉDIE EN CINQ ACTES

REPRÉSENTÉE POUR LA PREMIÈRE FOIS A PARIS EN

1788

NOUVELLE ÉDITION

PUBLIÉE

par Ad. Rion

fondateur Collection 100 *Bons Livres* 10c

PARIS

DÉPARTEMENTS, ÉTRANGER,

CHEZ TOUS LES LIBRAIRES

1878

HÉATRE — 20 c.

CHEZ TOUS LES LIBRAIRES

ER 1878	FÉVRIER 1878
marchais	**Regnard**
Séville, et Musique	26 *Le Joueur*
e Figaro, et Musique	27 *Le Légataire et Critique*
e coupable	28 *Le Distrait, — Amadis*
ueys	29 *Attendez-moi, — Coquette* / *Le Marchand ridicule*
aTelin et le *Grondeur*	30 *Retour, — Sérénade* / *Bourgeois de Falaise (Bal)*
orges, — Baron	31 *Arlequin à bonnes fortunes* / *Critique de l'Arlequin* / *Les Vendanges* / *La Descente aux Enfers*
Le Sourd. - Bonnes fortunes	
Le Sage	
6 *Turcaret, — Crispin rival*	
THÉATRE D'ÉDUCATION de Florian et de Berquin.	32 *Carnaval - Orfeo, - Divorce*
7-8 FLORIAN, HUIT comédies.	33 *Folies amoureuses,* / *Mariage Folie, — Souhaits*
9-10 BERQUIN, DIX comédies.	34 *Foire St-Germain et Suite*
Collin-d'Harleville	35 *Les Ménechmes*
11 *Mr de Crac, — l'Inconstant*	**Scarron**
12 *L'Optimiste*	36 *Jodelet — Japhet*
13 *Châteaux en Espagne*	
14 *Le Vieux Célibataire*	**Dufresny**
15 *La Famille bretonne*	37 *Coquette, — Dédit, — Esprit*
16 *Vieillard et Jeunes Gens*	38 *Le Mariage — le Veuvage*
17 *Malice pour Malice*	
Marivaux	**Carmontelle**
18 *Les Fausses Confidences* / *L'Ecole des Mères*	39 à 42 Vingt-cinq **Proverbes**
	Gresset
19 *Jeu de l'Amour et Hazard* / *L'Épreuve nouvelle*	43 *Le Méchant*
	Destouches
20 *Legs, - Préjugé, - Arlequin*	44 *Le Philosophe marié*
21 *Surprise, — la Méprise*	45 *Le Glorieux*
22 2e *Surprise, — les Sincères*	46 *La Fausse Agnès* / *Le Triple Mariage*
23 *L'Inconstance, — Amours*	
Pergolèse, et Musique	47 *Le Curieux, — L'Ingrat*
24 *Servante* et STABAT MATER	48 *Le Dissipateur*
Rousseau	49 *Le Médisant, — l'Irrésolu*
evin et onze *Romances*, piano	50 *Le Tambour nocturne*

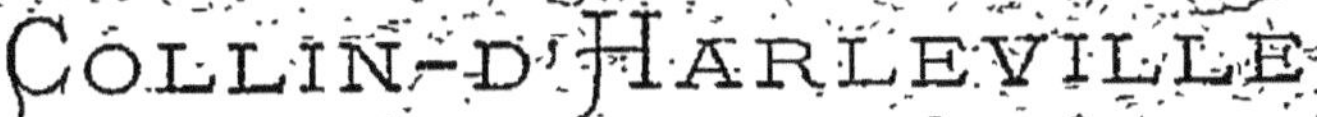

COLLIN-D'HARLEVILLE

L'OPTIMISTE

OU

L'HOMME TOUJOURS CONTENT

COMÉDIE EN CINQ ACTES

REPRÉSENTÉE POUR LA PREMIÈRE FOIS A PARIS EN

1788

NOUVELLE ÉDITION

PUBLIÉE

par Ad. Rion
fondateur Collection 100 *Bons Livres* 10c

PARIS

DÉPARTEMENTS, ÉTRANGER

CHEZ TOUS LES LIBRAIRES

1878

L'OPTIMISTE

PERSONNAGES

M. DE PLINVILLE, l'Optimiste.
MADAME DE PLINVILLE.
ANGÉLIQUE, leur fille.
MADAME DE ROSELLE, nièce de M. de Plinville.
M. DE MORINVAL.
M. BELFORT, secrétaire de M. de Plinville.
M. DORMEUIL.
ROSE, jeune suivante d'Angélique.
PICARD, vieux portier de M. de Plinville.
LÉPINE, laquais de M. de Plinville.
UN POSTILLON.

La scène est en Touraine, au château de Plinville, dans un bosquet rempli d'arbres odoriférants.

ACTE PREMIER

SCÈNE I

MADAME DE ROSELLE, *un bouquet à la main, tire sa montre.*

Est-il bien vrai ? qui ? moi, levée avant six heures ?
Moi, dans ce vieux château, dans ces tristes demeures !
Chez mon oncle !.. Heureux homme ! il prétend que chez [lui
Tout va le mieux du monde, et moi j'y meurs d'ennui...
Peut-être ai-je bien fait d'y venir... J'imagine
Que je puis être utile à ma jeune cousine.
Je crois... s'il était vrai ?... j'avouerai qu'à ce prix
Je regretterais peu les plaisirs de Paris.

Près de se marier, cette pauvre Angélique
Paraît de plus en plus triste et mélancolique...
Ce jeune secrétaire, au maintien noble, aisé,
Serait-il, par hasard, un amant déguisé ?
C'est un point qu'il faudrait éclaircir ; je soupçonne
Qu'on va sacrifier cette jeune personne :
Tâchons de l'empêcher. Observons... Cependant
Le mariage peut se faire en attendant.
Comment le retarder ? Il faudra que j'y songe :
Un prétexte... ma sœur... bon ! le premier mensonge
Suffira...

SCÈNE II

MADAME DE ROSELLE, ROSE.

MADAME DE ROSELLE.

Bonjour, Rose. Où portez-vous vos pas ?

ROSE.

Ah ! madame, pardon ; je ne vous voyais pas.
J'ai poussé jusqu'au bout de la grande avenue ;
Et puis, sans y songer, je suis ici venue.
Je vais...

(Elle veut se retirer.)

MADAME DE ROSELLE.

Vous me fuyez ? causons.

ROSE.

Avec plaisir :
Car, moi, j'aime à causer ; d'ailleurs, j'ai du loisir :
Mademoiselle écrit.

MADAME DE ROSELLE.

Elle est déjà levée ?

ROSE.

Bon ! jamais le soleil au lit ne l'a trouvée :
Elle n'en dort pas mieux.

MADAME DE ROSELLE.

Elle a donc mal dormi ?

ROSE.

Très-mal : je l'entendais ; elle a pleuré, gémi.

MADAME DE ROSELLE.

Elle a du chagrin ?

ROSE, *soupirant.*

Oui.

MADAME DE ROSELLE.

Ma tante aussi la gronde !

ROSE.

Elle est grondée ainsi depuis qu'elle est au monde.

MADAME DE ROSELLE.

Oui, ma tante souvent prend de l'humeur pour rien.

ROSE.

Tout en nous querellant, elle nous veut du bien :
Pour sa fille surtout sa tendresse est extrême.

MADAME DE ROSELLE.

Elle aime aussi mon oncle, et le gronde de même.

ROSE.

Tenez, je sais fort bien la cause de son mal :
C'est qu'elle n'aime point monsieur de Morinval ;
Car, lorsqu'elle le voit, ou dès qu'on le lui nomme...

MADAME DE ROSELLE.

Morinval, cependant, a l'air d'un galant homme.

ROSE.

Galant homme, d'accord ; mais boudeur et chagrin :
On ne lui voit jamais un air ouvert, serein.
Pour moi, son seul aspect m'inspire la tristesse :
Il se peint tout en noir, excepté ma maîtresse ;
Et puis, il n'est point jeune, et ma maîtresse l'est.

MADAME DE ROSELLE.

Il n'est pas vieux non plus.

ROSE.

Ah ! pardon, s'il vous plaît.
Il a bien cinquante ans, elle n'en a que seize :
Comment voulez-vous donc qu'un tel époux lui plaise ?
Pour moi, je ne sais pas quand je me marierai ;
Mais je répondrais bien que je n'épouserai
Qu'un jeune homme : du moins, quand on est du même [âge
On fait jusques au bout ensemble le voyage.

MADAME DE ROSELLE.

Monsieur Belfort paraît aimable ?

ROSE.

Oh ! oui.

MADAME DE ROSELLE.

Sait-on,
Dites-moi, ce que c'est que ce jeune homme ?

ROSE.

Non.
Car monsieur l'a reçu sur sa seule figure.

MADAME DE ROSELLE.

Par quel hasard ?

ROSE.

Un soir, la nuit était obscure,
Un jeune homme demande un asile : on l'admet...
C'était monsieur Belfort. Il entre ; l'on soupait :
On l'invite. Il paraît spirituel, honnête,
Le lendemain, il veut repartir ; on l'arrête :
Il pleuvait. Cependant comme il pleuvait toujours,
Monsieur, qui le retint ainsi pendant huit jours,
Goûtait de plus en plus son ton, son caractère.
Enfin, quoiqu'il n'eût pas besoin de secrétaire,
En cette qualité monsieur l'a retenu.

MADAME DE ROSELLE.

Bon ! et depuis ce temps n'est-il pas mieux connu ?

ROSE.

Ses bonnes qualités l'ont assez fait connaître.

MADAME DE ROSELLE.

Il a plus d'un emploi, car il tient lieu de maître
A ma cousine.

ROSE.

Eh ! oui : comme il parlait un soir
D'anglais, mademoiselle a voulu le savoir.
« Donnez-en des leçons, » dit monsieur : il en donne

MADAME DE ROSELLE.

Avec succès, dit-on ?

ROSE.

Il dit qu'elle l'étonne,
Madame ; elle savait sa grammaire en huit jours.

MADAME DE ROSELLE.

En huit jours ! Etes-vous toujours là ?

ROSE.

Moi ! toujours.

MADAME DE ROSELLE.
Belfort paraît donner ces leçons avec zèle.
ROSE.
Tout à fait ; il chérit beaucoup mademoiselle.
MADAME DE ROSELLE.
A ce que je puis voir, elle-même en fait cas ?
ROSE.
Oh ! beaucoup : en effet, qui ne l'aimerait pas.
Mademoiselle et moi, même esprit nous anime,
Et, comme elle, pour lui, moi, j'ai beaucoup d'estime.
Si vous saviez combien il est honnête, doux !...

MADAME DE ROSELLE.
Je l'ai jugé d'abord. Que dit-il, entre nous,
De l'air triste et rêveur de ma jeune cousine?
ROSE.
Mais il est bien chagrin de la voir si chagrine.
On lit dans ses regards une tendre pitié :
Un frère pour sa sœur n'a pas plus d'amitié.
Le matin, de sa chambre il attend que je sorte,
Et me demande alors comment elle se porte.
Mais on rit ; c'est monsieur.

SCÈNE III

MADAME DE ROSELLE, M. DE PLINVILLE, ROSE.

M. DE PLINVILLE.
Ah ! ma nièce, c'est toi?
La rencontre vraiment est heureuse.
MADAME DE ROSELLE.
Pour moi.
Mon cher oncle est toujours au comble de la joie.
M. DE PLINVILLE.
Pour en avoir, madame, il suffit qu'on vous voie.
(A Rose.)
Bonjour, Rose.
ROSE.
Monsieur..

M. DE PLINVILLE.

Mais comme elle embellit!
Du matin jusqu'au soir, elle chante, elle rit.

ROSE.

Monsieur me dit toujours quelque chose d'honnête.

M. DE PLINVILLE.

Nous aurons du plaisir, j'espère, à notre fête.
J'ai dans l'idée... oh! oui : j'ai fait, ma chère enfant,
Un rêve!... car je suis heureux, même en dormant.

MADAME DE ROSELLE.

Oh! je le crois.

ROSE.

Monsieur, contez-nous donc, de grâce...

M. DE PLINVILLE.

Il n'en reste au réveil qu'une légère trace,
Et j'aurais maintenant peine à le ressaisir :
Je me souviens du moins qu'il m'a fait grand plaisir,
Et cela me suffit : car, lorsque je me lève,
Je suis heureux encor, mais ce n'est plus un rêve.

MADAME DE ROSELLE.

Vous rêvez bien encor, mais c'est tout éveillé.

M. DE PLINVILLE.

Il est vrai : que de fois je me suis oublié
Au bord d'une fontaine, ou bien dans la prairie!
Là, seul, dans une vague et douce rêverie,
Je suis... ce que je veux, grand roi, simple berger...
Que sais-je, moi? Quelqu'un vient-il me déranger,
Alors j'aime encor mieux être moi que tout autre.

MADAME DE ROSELLE.

Le sort d'un roi n'est pas plus heureux que le vôtre.
Je suis contente aussi : pour la première fois
J'ai vu l'aurore.

M. DE PLINVILLE.

Bon!

ROSE.

Tous les jours je la vois.

M. DE PLINVILLE.

En effet, on n'est pas plus matinal que Rose

MADAME DE ROSELLE.

Savez-vous que l'aurore est une belle chose ?

M. DE PLINVILLE.

Oh ! oui, surtout ici surtuot au mois de mai.
C'est bien le plus beau mois de l'année.

MADAME DE ROSELLE.

Il est vrai.

ROSE.

C'est un mois qu'en effet, comme vous, chacun aime.
Mais en janvier, monsieur, vous disiez tout de même.

M. DE PLINVILLE.

J'avouerai, mon enfant, que toutes les saisons
Me plaisent tour à tour, par diverses raisons :
Janvier a ses beautés, et la neige est superbe.

MADAME DE ROSELLE.

Il est plus doux pourtant de voir renaître l'herbe,
Et les fleurs...

M. DE PLINVILLE.

Oui, les fleurs. Par exemple, en ces lieux,
On respire une odeur, un frais délicieux.
Dis-moi, vit-on jamais plus belle matinée ?
Que nous allons avoir une belle journée !
Il semble, en vérité, que le ciel prenne soin
D'envoyer du beau temps lorsque j'en ai besoin.

MADAME DE ROSELLE.

Tout exprès !

M. DE PLINVILLE.

Pouvions-nous enfin pour notre pêche
Choisir une journée et plus douce et plus fraîche ?

MADAME DE ROSELLE.

Oh ! non. J'aime beaucoup à voyager sur l'eau.

M. DE PLINVILLE.

Oui ? tant mieux !... Tu verras le plus joli bateau !

ROSE.

Ah ! charmant.

M. DE PLINVILLE, à Rose.

Angélique est sans doute habillée ?

ROSE.

Pas encor.

M. DE PLINVILLE.

Bon ! du moins est-elle réveillée?

ROSE.

Oh ! oui, monsieur : je vais l'habiller à l'instant.
Ne partez pas sans nous.

M. DE PLINVILLE.

Non, non ; l'on vous attend.
Hâtez-vous.

ROSE, en s'en allant.

Je voudrais être déjà partie.
Une êche ! un bateau ! la charmante partie !

SCÈNE VI

MADAME DE ROSELLE, M. DE PLINVILLE.

M. DE PLINVILLE la suit des yeux.

Heureux âge ! à seize ans, on n'a point de souci;
Tout plaît.

MADAME DE ROSELLE.

Mais ma cousine est pourtant jeune aussi.
D'où vient donc le chagrin qui chaque jour la mine ?

M. DE PLINVILLE.

Quoi ! le chagrin, dis-tu ? Serait-elle chagrine ?

MADAME DE ROSELLE.

Vous ne remarquez pas ?

M. DE PLINVILLE.

Non.

MADAME DE ROSELLE.

Pourtant, on voit bien
Qu'elle rêve...

M. DE PLINVILLE.

En effet. Mais bon ! cela n'est rien.
Elle a quelque regret de nous quitter, sans doute ;
Et puis, elle est modeste : on sait ce qu'il en coûte....
Mais dès que Morinval aura reçu sa main,
Tu verras : je voudrais que ce fût dès demain.

MADAME DE ROSELLE.

A propos, cet hymen, il faudra le remettre.

M. DE PLINVILLE.

Et pourquoi ?

MADAME DE ROSELLE.

De ma sœur je reçois une lettre ;
À la noce, dit-elle, elle veut se trouver,
Et dans huit jours, peut-être, elle doit arriver.

M. DE PLINVILLE.

Pourquoi donc avec toi n'est-elle pas venue ?

MADAME DE ROSELLE.

Elle hésitait toujours : sa lenteur est connue.
Moi je l'ai devancée.

M. DE PLINVILLE.

À ravir.

MADAME DE ROSELLE.

Ce délai
N'est rien : qu'est-ce, après tout, que huit jours ?

M. DE PLINVILLE.

Il est vrai.
Trop heureux de revoir madame de Mirbelle !
Nous allons tous les deux disputer de plus belle.
Je la connais ; aussi je vais me préparer.

MADAME DE ROSELLE, à part.

Cela nous donnera le temps de respirer.

M. DE PLINVILLE.

Nous ne l'attendrons pas du moins pour notre fête.
Mais on vient.

MADAME DE ROSELLE.

Comment donc, ma tante est déjà prête ?

M. DE PLINVILLE.

Oh ! ma femme est toujours exacte au rendez-vous.

SCÈNE V

MADAME DE ROSELLE, MADAME DE PLINVILLE, M. DE PLINVILLE.

M. DE PLINVILLE l'embrasse.

Bonjour, ma chère amie.

MADAME DE PLINVILLE.

Ah! ah! monsieur, c'est vous?
Bonjour, ma nièce. Non, je crois que de la vie
Maîtresse de maison ne fut plus mal servie.
En voilà déjà trois qu'il m'a fallu gronder.

M. DE PLINVILLE.

Ma femme est vigilante; elle sait commander.

MADAME DE PLINVILLE.

J'en ai besoin, monsieur, car vous n'y songez guère.

M. DE PLINVILLE.

Puisque vous faites tout, je n'ai plus rien à faire.

MADAME DE PLINVILLE.

Il faut bien faire tout, si vous ne faites rien.

M. DE PLINVILLE.

Bonne réplique! Allons, point de souci.

MADAME DE PLINVILLE.

Fort bien!
Et vous croyez, monsieur, qu'avec ces beaux systèmes,
Les choses vont ici se faire d'elles-mêmes?

M. DE PLINVILLE.

Il me semble pourtant qu'elles ne vont pas mal.
Nous rirons ce matin, Dieu sait! Si Morinval
Et ma fille venaient, on se mettrait en route.

MADAME DE PLINVILLE.

On ne s'y mettra point.

M. DE PLINVILLE.

On ne part pas?

MADAME DE PLINVILLE.

Sans doute.
La partie est remise.

MADAME DE ROSELLE.

Est remise!... Comment?...
Vous riez?

MADAME DE PLINVILLE.

Oui; je suis en belle humeur, vraiment!

M. DE PLINVILLE.

Mais encor, dites-moi quelle raison soudaine...?

MADAME DE PLINVILLE.

Cette raison, monsieur, c'est que j'ai la migraine.

MADAME DE ROSELLE.

Cette migraine-là vient bien mal à propos.

MADAME DE PLINVILLE, à madame de Roselle.

Aussi, dès le matin il trouble mon repos :
Il fait un bruit !...

M. DE PLINVILLE.

Qui ? moi ?

SCÈNE VI

LES MÊMES, ROSE.

ROSE accourt.

Monsieur, mademoiselle
Va venir à l'instant.

MADAME DE PLINVILLE.

On n'a pas besoin d'elle.

ROSE.

Comment ?...

MADAME DE ROSELLE.

On ne part point.

ROSE.

Et le joli bateau ?
Où déjeunera-t-on, en ce cas ?

MADAME DE PLINVILLE.

Au château.

(A madame de Roselle.)

Venez-vous ? il s'agit d'une affaire importante :
Je reçois de Paris des étoffes...

MADAME DE ROSELLE.

Ma tante...,
Vous avez plus de goût...

MADAME DE PLINVILLE.

Le mien est peu commun,
D'accord ; mais deux avis valent toujours mieux qu'un.
Ma fille là-dessus est d'une insouciance !..
Je suis prête vingt fois à perdre patience.

M. DE PLINVILLE.

Elle fait la méchante.

MADAME DE ROSELLE.

Il me semble, entre nous,
Qu'au fond l'essentiel est le choix d'un époux.

MADAME DE PLINVILLE.

J'en conviens : mais ce choix est une affaire faite ;
Et de ce côté-là ma fille est satisfaite.
Venez donc.

M. DE PLINVILLE.

Un moment.

MADAME DE PLINVILLE.

Eh ! oui, pour babiller
Restez ici, monsieur ; nous allons travailler.

MADAME DE ROSELLE.

Mon oncle, dans le port faites rentrer la flotte.

SCÈNE VII

M. DE PLINVILLE, ROSE.

M. DE PLINVILLE.

(En riant.) (A Rose.)
Ah ! la flotte ! il est gai. Te voilà toute sotte !

ROSE.

J'en pleurerais.

M. DE PLINVILLE.

Ma femme a de fâcheux instants...
Heureusement cela ne dure pas longtemps.

ROSE.

Mais cela recommence.

M. DE PLINVILLE.

Elle crie, elle gronde ;
Mais c'est la femme, au fond, la meilleure du monde.

ROSE.

A cela près, pourquoi ne part-on pas, monsieur ?

M. DE PLINVILLE.

Ma femme a la migraine, et l'on n'est pas d'humeur,
Quand on souffre... D'ailleurs le temps, je crois, se [brouille ;
Regarde.

ROSE.

Vous riez si bien lorsqu'on se mouille !
L'autre jour encore...

M. DE PLINVILLE.

Oui ; mais un temps pluvieux
Nuirait à ma santé.

ROSE.

Vous êtes beaucoup mieux,
Ce me semble, monsieur ?

M. DE PLINVILLE.

Oui, vraiment, à merveille ;
Je me sens chaque jour mieux portant que la veille,
Et je vois revenir les forces, l'appétit.

ROSE.

Hai... vous avez été bien malade.

M. DE PLINVILLE.

On le dit.

ROSE.

Vous en douteriez ?

M. DE PLINVILLE.

Non ; mais, vois-tu, chère Rose
D'honneur, je n'ai pas, moi, senti la moindre chose.
J'étais dans un profond et morne accablement,
Mais qui ne me faisait souffrir aucunement.

ROSE.

Ah ! ah !

M. DE PLINVILLE.

Notre machine alors est engourdie,
Et c'est un vrai sommeil que cette maladie.
Mais, en revanche aussi, que le réveil est doux !
Nous renaissons alors et le monde avec nous.
Vous vivez par instinct ; moi je sens que j'existe.
J'éprouve une langueur, mais elle n'est point triste ;
Et ma faiblesse même est une volupté
Dont on n'a pas d'idée en parfaite santé :
La santé peut paraître, à la longue, un peu fade ;
Il faut, pour la sentir, avoir été malade.
Je voudrais qu'à ton tour tu pusses l'être aussi,
Et tu verrais toi-même...

ROSE.

Ah! monsieur, grand merci :
Tomber malade, moi!

M. DE PLINVILLE.

Ce serait bien dommage.

ROSE.

Et puis si je mourais ?...

M. DE PLINVILLE.

Bon! meurt-on à ton âge?
Tu me vois !...

ROSE.

Vous vivez, nous sommes tous contents :
Mais, monsieur, je m'arrête en ce lieu trop longtemps.
Je m'en vais, de ce pas, trouver mademoiselle :
Car le moins que je puis, je me sépare d'elle.

M. DE PLINVILLE.

C'est bien fait.

(Rose. sort.)

SCÈNE VIII

M. DE PLINVILLE, seul.

Cette Rose est une aimable enfant.
Elle aime sa maîtresse, oh ! mais si tendrement !
Dès sa première enfance, auprès d'elle nourrie,
On la prendrait plutôt pour une sœur chérie.
Eh bien ! pour un peu d'or, voyez quelle douceur !
A ma fille je donne une amie, une sœur :
On est vraiment heureux d'être né dans l'aisance.
Je suis émerveillé de cette Providence
Qui fit naître le riche auprès de l'indigent :
L'un a besoin de bras, l'autre a besoin d'argent ;
Ainsi tout est si bien arrangé dans la vie,
Que la moitié du monde est par l'autre servie.

SCÈNE IX

M. DE PLINVILLE, PICARD.

PICARD

Bien arrangé pour vous ; mais moi j'en ai souffert.
Pourquoi ne suis-je pas de la moitié qu'on sert ?

M. DE PLINVILLE.

Parce que tu n'es point de la moitié qui paie.

PICARD.

Et pourquoi, par hasard, ne faut-il point que j'aie
De quoi payer ?

M. DE PLINVILLE.

Eh ! mais, pouvions-nous être tous
Riches ?

PICARD.

Je pouvais, moi, l'être aussi bien que vous.

M. DE PLINVILLE.

Tu ne l'es pas, enfin.

PICARD.

Voilà ce qui me fâche.
Je remplis dans le monde une pénible tâche,
Et depuis cinquante ans.

M. DE PLINVILLE.

Tu devrais, en ce cas,
Être fait au service.

PICARD.

Eh ! l'on ne s'y fait pas...
Lorsque je veux rester, vous voulez que je sorte ;
Veux-je sortir, il faut que je garde la porte.
Vous êtes maître enfin, et moi je suis valet ;
Je dois aller, venir, rester, comme il vous plaît

M. DE PLINVILLE.

Tu n'en prends qu'à ton aise.

PICARD.

Oh !...

M. DE PLINVILLE.

L'on te considère,
Et tous mes gens ici te traitent comme un père.

PICARD.

Et je sers tout le monde.

M. DE PLINVILLE.

Eh ! cela n'y fait rien :
Sois content de ton sort, ainsi que moi du mien.

PICARD.

Je n'ai point, comme vous, l'art de m'en faire accroire,
Et ne sais point voir clair, quand la nuit est bien noire.

M. DE PLINVILLE.

Je suis donc bien crédule ?

PICARD.

On vous vole à l'envi ;
Et vous vous croyez, vous, parfaitement servi.

M. DE PLINVILLE riant.

En vérité ?

PICARD.

Chez vous, on pille, on pleure, on gronde.
Vous trouvez tout cela le plus joli du monde.

M. DE PLINVILLE.

Mais je ne savais pas un mot de tout ceci.

PICARD.

On vous battrait enfin, vous diriez : *Grand merci.*

M. DE PLINVILLE.

Le bon Picard a donc le petit mot pour rire ?

PICARD, en s'en allant.

Oui, je suis fort plaisant.

M. DE PLINVILLE.

Tu n'as plus rien à dire ?

PICARD, enroué à force de s'être échauffé.

Eh ! je sors.

M. DE PLINVILLE.

Où vas-tu ?

PICARD.

Du matin jusqu'au soir,
Ne faut-il pas courir ? je ne saurais m'asseoir :
Madame, à tous moments, m'envoie à ce village ;
Et... pour je ne sais quoi : dès le matin, j'enrage.

M. DE PLINVILLE.

Allons, va, mon ami.

PICARD.

Voilà bien leurs propos !
Va, mon ami ! pour eux, ils restent en repos.

(Il sort.)

SCÈNE X

M. DE PLINVILLE, seul.

Picard est un peu brusque, il faut que j'en convienne.
Chacun a son humeur, après tout : c'est la sienne.
Je dois quelques égards à ce vieux serviteur.
Il m'est fort attaché, malgré son air grondeur.
Ce bon Picard est las de servir, à l'entendre ;
Et cependant, au mot si je voulais le prendre,
Je l'attraperais bien : car, j'ai cela de bon,
Je suis aimé, chéri de toute ma maison.

(Il s'arrête un moment comme pour se recueillir.)

Quand j'y songe, je suis bien heureux ! je suis homme,
Européen, Français, Tourangeau, gentilhomme :
Je pouvais naître Turc, Limousin, paysan.
Je ne suis magistrat, guerrier ni courtisan ;
Non : mais je suis seigneur d'une lieue à la ronde.
Le château de Plinville est le plus beau du monde.
Je suis de mes vassaux respecté comme un roi,
Adoré comme un père : il n'est autour de moi
Pas un seul pauvre, oh ! non ; mes voisins me chérissent ;
Mes fermiers sont heureux, et même ils s'enrichissent.
J'ai, du moins je le crois, une agréable humeur,
Trop ni trop peu d'esprit, et surtout un bon cœur.
Je suis heureux époux, et père de famille.
Je n'ai point de garçons : mais aussi quelle fille !
J'ai de bons vieux amis, des serviteurs zélés.
Je te rends grâce, ô ciel ! tous mes vœux sont comblés.

SCÈNE XI

M. DE PLINVILLE, M. DE MORINVAL.

M. DE PLINVILLE.

Ah ! bonjour, mon ami.

M. DE MORINVAL.

Bonjour, je vous salue.

M. DE PLINVILLE.

Vous venez à propos : je passais en revue
Tous mes sujets de joie...

M. DE MORINVAL.

Et moi, tous mes chagrins.

M. DE PLINVILLE.

Je songeais comme ici mes jours sont purs, sereins.

M. DE MORINVAL.

Que ne puis-je me croire heureux comme vous faites !

M. DE PLINVILLE.

Mais il ne tient qu'à vous de le croire; vous l'êtes.

M. DE MORINVAL.

Heureux, moi? sans sujet mes parents m'ont haï :
Par des gens que j'aimais je me suis vu trahi.

M. DE PLINVILLE.

Oubliez-les; songez à l'ami qui vous reste.

M. DE MORINVAL.

Puis-je oublier encore cet accident funeste
Qui me priva d'un frère, hélas! que j'adorais?

M. DE PLINVILLE.

Je vous en tiendrai lieu.

M. DE MORINVAL.

Puis, quatre mois après,
Je devins veuf. Dès lors, isolé, sans famille...

M. DE PLINVILLE.

Mais, si vous n'étiez veuf, vous n'auriez pas ma fille.

M. DE MORINVAL.

Je l'avoue.

M. DE PLINVILLE.

A propos, ma nièce a désiré
Que de huit jours au moins l'hymen fût différé.

M. DE MORINVAL.

Et pourquoi donc?

M. DE PLINVILLE.

Sa sœur en ces lieux doit se rendre
Dans huit jours : je ne puis m'empêcher de l'attendre.

M. DE MORINVAL.

Mais elle ne devait pas venir.

M. DE PLINVILLE.

Il est vrai;

Elle a changé d'avis.

M. DE MORINVAL.

Mon ami, ce délai

N'est point naturel.

M. DE MORINVAL.

Bon!

M. DE MORINVAL.

Je crains quelque mystère.

M. DE PLINVILLE.

A l'autre!

M. DE MORINVAL.

J'ai, je crois, le malheur de déplaire

A votre nièce.

M. DE PLINVILLE.

Eh! mais, vous êtes singulier :

Ma nièce fait de vous un cas particulier.

Et d'ailleurs il suffit que ma fille vous aime.

M. DE MORINVAL.

Mais êtes-vous bien sûr qu'Angélique elle-même?...

M. DE PLINVILLE.

Eh! puisqu'elle consent à vous donner sa main...

M. DE MORINVAL.

J'ai peur qu'elle ne forme à regret cet hymen.

M. DE PLINVILLE.

Vos frayeurs, entre nous, ne sont pas raisonnables.

M. DE MORINVAL.

Si fait : je ne suis point de ces gens fort aimables :

Je ne suis plus très-jeune.

M. DE PLINVILLE.

Avez-vous cinquante ans?

M. DE MORINVAL.

Non pas encore.

M. DE PLINVILLE.

Eh bien! ce n'est plus le printemps,

Mais ce n'est pas l'hiver. Ma fille est douce et sage :
Elle aimera bien mieux un époux de votre âge.

M. DE MORINVAL.

Je ne sais... Cependant elle me parle peu.

M. DE PLINVILLE.

Elle n'est point parleuse, et j'en rends grâce à Dieu.

M. DE MORINVAL.

Je ne lui trouve pas cet air satisfait, tendre...

M. DE PLINVILLE.

Écoutez ; à notre âge, il ne faut pas s'attendre
À des transports d'amour....

M. DE MORINVAL.

Non, mais...

M. DE PLINVILLE.

Vous lui plaisez,
Vous avez son estime : eh bien ! vous l'épousez.
Je vais vous confier le bonheur de ma fille,
Et nous ne ferons plus qu'une seule famille.
Déjà depuis longtemps nous étions bons amis,
Séparés par l'humeur, par le cœur réunis.
Vous me grondez toujours, et toujours je vous aime.
Vous me convenez fort, je vous conviens de même.
Vous avez, comme moi, naissance, bien, santé :
Il ne vous manque plus qu'un peu de ma gaîté ;
Mais c'est un beau secret que vous allez apprendre :
On doit devenir gai quand on devient mon gendre.

(*Il prend Morinval sous le bras, et sort avec lui.*)

ACTE DEUXIÈME

SCÈNE I

M. BELFORT, *seul.*

Que mon sort est cruel ! Que de maux j'ai soufferts !
L'avenir m'en prépare encor de plus amers.
Non, je ne puis jamais être heureux ni tranquille.

Ah! je devrais quitter ce dangereux asile;
Je le veux, et pourtant j'y reste malgré moi.

(Il rêve.)

SCÈNE II

MADAME DE ROSELLE, M. BELFORT[1].

MADAME DE ROSELLE, de loin, à part.

Il doit être en ces lieux. Oui, c'est lui que je voi;
Profitons du moment. Avec un peu d'adresse,
De ses secrets bientôt je me rendrai maîtresse.
A son âge on est franc, facile à pénétrer.

(Haut à Belfort.)

Ah! je n'espérais pas ici vous rencontrer,
Monsieur Belfort.

M. BELFORT.

Madame!...

MADAME DE ROSELLE.

Excusez, je vous prie;
Je trouble quelque douce et tendre rêverie.

M. BELFORT.

Vous m'honorez beaucoup, en daignant la troubler.

MADAME DE ROSELLE.

Moi je serai fort aise aussi de vous parler.
Soyez persuadé qu'à vous je m'intéresse :
Je vous crois l'âme honnête et pleine de noblesse.
Vous avez de l'esprit.

M. BELFORT.

Ah! madame.

MADAME DE ROSELLE.

Je veux
Que nous fassions ici connaissance tous deux.

M. BELFORT.

Madame, un tel discours et me flatte et m'oblige.

MADAME DE ROSELLE.

Oui, je veux tout à fait vous connaître, vous dis-je

1. Cette scène est de mon ami Andrieux. (*Note de l'auteur.*)

Vous pouvez me parler sans nul déguisement.
Que faites-vous ici ? répondez franchement.

M. BELFORT.

Moi ? j'y suis secrétaire, et fort content de l'être.

MADAME DE ROSELLE.

Voilà tout ?

M. BELFORT.

Voilà tout.

MADAME DE ROSELLE.

Vous êtes bien le maître
De ne pas m'avouer, monsieur, tous vos secrets :
Mais, tenez, je les sais, ou du moins à peu près.

M. BELFORT.

Que savez-vous ?

MADAME DE ROSELLE.

En vain vous voudriez me taire
Que vous n'êtes point fait pour être secrétaire.

M. BELFORT.

Sur quoi le jugez-vous ?

MADAME DE ROSELLE.

C'est que j'ai de bons yeux,
Le talent d'observer, et l'esprit curieux.
Un geste, un seul regard en dit plus qu'on ne pense.
Et puis, quelqu'un peut-être a votre confidence :
On aurait pu savoir par des gens bien instruits...

M. BELFORT.

Oh ! non : je réponds bien qu'on ignore où je suis.
Mon père, dans le monde, est le seul qui le sache.

MADAME DE ROSELLE.

Oui ? j'avais donc raison. Ici monsieur se cache :
Vous allez admirer ma pénétration.
Vous êtes, je le vois, né de condition.

M. BELFORT.

Qui peut vous avoir dit ?... quelle surprise extrême !

MADAME DE ROSELLE.

Faut-il vous raconter votre histoire à vous même ?
Votre nom de Belfort est un nom supposé.

M. BELFORT.

Vous le savez ?

MADAME DE ROSELLE.

Ici, vous êtes déguisé.

M. BELFORT.

Déguisé? point du tout.

MADAME DE ROSELLE.

Par quelle fantaisie
Avez-vous accepté cet emploi, je vous prie?

M. BELFORT.

Mais, par nécessité.

MADAME DE ROSELLE.

Vous plaisantez; comment!
Votre père a du bien...

M. BELFORT.

Oh! non, certainement.
Il en avait jadis; mais un revers funeste...

MADAME DE ROSELLE.

Allons : dispensez-moi de vous conter le reste.
Vous voyez que je sais votre histoire assez bien.

M. BELFORT.

Je vois que vous savez très-peu de chose, ou rien.

MADAME DE ROSELLE.

Oui-da! vous me piquez. Eh bien! voulez-vous faire
Entre nous un accord qui ne peut vous déplaire?
Je vais vous dire encor quelque chose en secret.
Si je me trompe, à vous permis d'être discret.
Vous ne m'avoûrez rien. Mais si, par aventure,
Je ne vous dis ici que la vérité pure,
Alors, promettez-moi de ne me rien cacher.
Il faut y consentir, ou vous m'allez fâcher.

M. BELFORT.

Eh bien! j'en cours le risque, et j'y consens, madame.

MADAME DE ROSELLE.

Voici donc mon secret : c'est qu'au fond de votre âme
Vous aimez ma cousine, et que vous combattez
En vain un sentiment...

M. BELFORT.

Ah! madame, arrêtez :
Comment avez-vous pu deviner que je l'aime,
Tandis que je voulais le cacher à moi-même?

MADAME DE ROSELLE.

C'est donc là le moyen de vous faire parler?
J'en étais sûre.

M. BELFORT.

Ah Dieu ! vous me faites trembler.
Ce secret qu'en mon cœur vous venez de surprendre,
Gardez-le-moi du moins. Je vais tout vous apprendre,
Madame; vos bontés ont su m'encourager.
Vous lirez dans mon cœur, et vous m'allez juger.
Vos conseils guideront mon inexpérience,
Ne vous offensez pas de tant de confiance.

MADAME DE ROSELLE.

M'en offenser, monsieur, moi qui veux l'obtenir ?
Non, en me l'accordant, vous me ferez plaisir.
Mais quoi ! si vous voulez qu'en ceci je vous serve,
Il faudra me parler franchement, sans réserve.
On vous nomme ?

M. BELFORT.

Dormeuil.

MADAME DE ROSELLE.

Dormeuil ! Eh ! mais je crois
Que nous avons beaucoup de Dormeuil en Artois.

M. BELFORT.

J'en suis.

MADAME DE ROSELLE.

Bon ! en ce cas je connais votre père,
Je l'ai vu fort souvent. C'est un bon militaire,
Fort estimé, rempli de courage et d'honneur :
Mais il aime le jeu, dit-on, à la fureur;
Et cette passion, aujourd'hui trop commune,
A dérangé, je crois, tout à fait sa fortune.

M. BELFORT.

Il est vrai : vous savez d'où vient tout mon malheur.
Un père que j'adore, en est le seul auteur.
Je sais qu'il m'aime, au fond, et je lui rends justice.
Il m'avait, jeune encor, fait entrer au service :
Mais, privé de secours, y pouvais-je rester?
Manquant de tout, madame, il m'a fallu quitter.
J'ai fui. J'ai cru devoir, honteux de ma misère,

Déguiser ma naissance et le nom de mon père.
Je vins ici : mon cœur y perdit son repos;
Et c'est là le dernier, le plus grand de mes maux.

MADAME DE ROSELLE.

A ma jeune cousine avez-vous fait connaître
Votre amour?

M. BELFORT.

Ah! jamais. Moi, le laisser paraître!
Hasarder un aveu! j'étais loin d'y penser.
A la fuir dès longtemps j'aurais dû me forcer.
Souvent j'allais partir; un charme involontaire
M'a retenu près d'elle : au moins j'ai su me taire;
Trop heureux de songer, quand je vois sa froideur,
Que je n'ai pas troublé sa paix et son bonheur!
Mais on vient : c'est monsieur. Il faut que je l'évite,
Il pourrait voir mon trouble.

MADAME DE ROSELLE.

Eh quoi! partir si vite?

(Il va pour sortir.)

SCÈNE III.

M. BELFORT, M. DE PLINVILLE, MADAME DE ROSELLE.

M. DE PLINVILLE, à M. Belfort.

Bon! vous eous retirez en me voyant? pourquoi?
Eh! mais, ne faites point d'attention à moi.
Du matin jusqu'au soir je viens, je me promène;
Vers ce lieu-ci, surtout, un penchant me ramène.

MADAME DE ROSELLE.

J'y viens souvent aussi. C'est un joli berceau,
Solitaire et pourtant très-voisin du château.

M. DE PLINVILLE.

Vous-même, cher Belfort, c'est ici, ce me semble,
Que vous et votre élève étudiez ensemble.

M. BELFORT.

Oui, monsieur, très-souvent.

M. DE PLINVILLE.

Et vous avez raison.
Voici, je crois, bientôt l'heure de la leçon.
(A madame de Roselle.)
Angélique est savante : elle lit les poëtes.
(A M. Belfort.)
Moi je l'ai toujours dit : jeune comme vous l'êtes,
On enseigne bien mieux : rien n'est plus naturel.
Vous êtes, sans mentir, un bienheureux mortel !
Vous avez pour élève une jeune personne,
J'ose le dire, aimable, aussi belle que bonne.
Vous habitez d'ailleurs le plus charmant pays !...
Je vous traite aussi bien qu'on traiterait un fils.
Il est aisé de voir que ma femme vous aime.
Chacun en fait autant; et ma fille elle-même,
Quand on parle de vous...

M. BELFORT, très ému.

Elle me fait honneur,
Monsieur... assurément... je sens tout mon bonheur.
Je ne puis exprimer... Pardon, je me retire.

M. DE PLINVILLE.

Allez, j'entends fort bien ce que cela veut dire.

MADAME DE ROSELLE, à part.

Ah ! mon cher oncle, moi je l'entends mieux que vous.

SCÈNE IV

M. DE PLINVILLE, MADAME DE ROSELLE.

M. DE PLINVILLE.

Intéressant jeune homme ! il s'éloigne de nous,
Tout pénétré de joie et de reconnaissance.
Je suis charmé d'avoir fait cette connaissance.

MADAME DE ROSELLE.

De sa réception on m'a fait le récit ;
Il est plaisant.

M. DE PLINVILLE.

Toujours cela me réussit.
Je suis, sans me vanter, bon physionomiste;
Et je ne pense pas que depuis que j'existe...

MADAME DE ROSELLE.

Vous prîtes cependant un laquais l'an passé.
Pour vol, presqu'aussitôt, ma tante l'a chassé.
Vous aimiez, m'a-t-on dit, sa physionomie.

M. DE PLINVILLE.

Oh ! l'on peut se tromper une fois en sa vie.
Mais tu vois sur Belfort si je me suis trompé !
Dès le premier abord sa candeur m'a frappé.

MADAME DE ROSELLE.

Oui, moi-même, en effet, dès la première vue,
Son air modeste et franc pour lui m'a prévenue,
J'en conviens.

M. DE PLINVILLE.

Je le crois. Il suffit de le voir.

MADAME DE ROSELLE.

Mais, entre nous, pourtant, j'aurais voulu savoir...

M. DE PLINVILLE.

Savoir ? quoi ?

MADAME DE ROSELLE.

M'informer...

M. DE PLINVILLE.

Si Belfort est honnête ?
Me préserve le ciel d'une pareille enquête !
Loin de moi les soupçons et les certificats :
Cela répugne trop à des cœurs délicats.
Le charme de la vie est dans la confiance.
J'en ai fait, mille fois, la douce expérience :
Chaque jour je l'éprouve au sujet de Belfort.
Va, les honnêtes gens se connaissent d'abord.
Un certain... ou plutôt, veux-tu que je te dise ?
Je crois fort, et toujours ce fut là ma devise,
Que les hommes sont tous, oui, tous, honnêtes, bons.
On dit qu'il est beaucoup de méchants, de fripons ;
Je n'en crois rien ; je veux qu'il s'en trouve peut-être
Un ou deux : mais ils sont aisés à reconnaître :

Et puis, j'aime bien mieux, je le dis sans détours,
Etre une fois trompé, que de craindre toujours.

MADAME DE ROSELLE.

Eh! qui de vous tromper pourrait être capable?
Vous êtes pour cela trop bon et trop aimable.
Je me sens attendrie; il semble, auprès de vous,
Que je respire un air et plus calme et plus doux.
Mais quelqu'un vient, je crois.

M. DE PLINVILLE regarde.

C'est ma chère Angélique.

MADAME DE ROSELLE.

Voyez, n'est-elle pas sombre, mélancolique?

M. DE PLINVILLE.

Non. Ma fille toujours a l'esprit occupé.
Elle pense à l'anglais, ou je suis bien trompé.

MADAME DE ROSELLE.

Elle marche à pas lents.

M. DE PLINVILLE.

Oui, sa démarche est sage.
Quelle aimable candeur brille sur son visage!

MADAME DE ROSELLE.

Elle ne vous voit pas.

M. DE PLINVILLE.

Oh! ce bois est charmant,
Nous allons, nous venons, sans nous voir seulement.

SCÈNE V

MADAME DE ROSELLE, M. DE PLINVILLE, ANGÉLIQUE. Angélique vient sur le théâtre, et rêve, sans voir son père et sa cousine

M. DE PLINVILLE s'avance doucement derrière elle.

Angélique! Angélique!

ANGÉLIQUE.

Ah! mon père! ah! madame!

M. DE PLINVILLE.

Ce cri-là m'est allé jusques au fond de l'âme.

MADAME DE ROSELLE.

Bonjour, mon cœur.

M. DE PLINVILLE.

Bonjour. Quel teint frais et vermeil !

ANGÉLIQUE.

J'ai cependant dormi d'un très-léger sommeil.

M. DE PLINVILLE.

Léger, mais calme et doux, celui de l'innocence.
C'est aussi le sommeil de la convalescence.
Mais je suis un peu las : depuis le déjeuné,
Je cours. Asseyons-nous.

(Il s'assied.)

SCÈNE VI

MADAME DE ROSELLE, M. DE PLINVILLE, ANGÉLIQUE, MADAME DE PLINVILLE.

MADAME DE PLINVILLE.

Je l'avais deviné.
Ce bosquet deviendra salon de compagnie.
Et moi, je reste seule : avec moi l'on s'ennuie.

MADAME DE ROSELLE.

A la campagne on peut quelquefois se quitter.

MADAME DE PLINVILLE.

Fort bien. Mais vous, monsieur, allez donc visiter
Vos ouvriers.

M. DE PLINVILLE.

J'y vais. J'aurais été bien aise
De rester : mais, pour peu que cela te déplaise,
Je pars. Puis, j'aime à voir ces pauvres malheureux
Travailler en chantant. Je raisonne avec eux.

MADAME DE PLINVILLE.

Et vous les dérangez.

M. DE PLINVILLE.

Voyez le grand dommage !
Cela les désennuie : ils font assez d'ouvrage.

MADAME DE PLINVILLE.
Mais allez donc, enfin.

M. DE PLINVILLE.
Eh ! calme-toi, bon Dieu !
Ce ton-là, tu le sais, m'épouvante fort peu :
Si je cède souvent, va, ce n'est pas, ma chère,
Que je te craigne ; oh non ! c'est que j'aime à te plaire.

MADAME DE ROSELLE.
Eh ! nous le savons bien.

(Il s'en va, se retourne, envoie un baiser à sa femme, sourit à sa nièce et à sa fille, et sort gaîment.)

SCÈNE VII

MADAME DE ROSELLE, MADAME DE PLINVILLE ANGÉLIQUE.

MADAME DE PLINVILLE.
C'est un cœur excellent :
Mais si quelqu'un ici n'avait pas le talent...

MADAME DE ROSELLE.
Vous l'avez ; car à tout ma tante sait suffire.
C'est un coup d'œil ! un tact !.. Pour moi, je vous admire.
Mais j'aime bien mon oncle, il est si gai !

MADAME DE PLINVILLE.
Fort bien :
Mais cette gaîté-là, pourtant, n'est bonne à rien..

MADAME DE ROSELLE.
Elle est bonne pour lui, du moins.

MADAME DE PLINVILLE.
Le beau mérite!
Cette indulgence enfin, sa vertu favorite,
Fait que tout va de mal en pis dans sa maison :
Trouver tout bien, ainsi, sans rime ni saison
C'est ne penser qu'à soi.

MADAME DE ROSELLE.
Bon !

MADAME DE PLINVILLE.
Un tel optimisme.
A parler franchement, ressemble à l'égoisme.

MADAME DE ROSELLE.

Égoïsme ? mon oncle un égoïste, ô ciel !
Il a, je vous l'avoue, un heureux naturel :
Mais s'il prend très-souvent ses maux en patience.
Même gaîment, a-t-il la même insouciance,
Quand il s'agit des maux et des revers d'autrui ?
Quel est le pauvre enfin qui n'ait un père en lui ?
Je conçois, en effet, que mon oncle, à la ronde
Faisant autant d'heureux, croie heureux tout le monde.
(Regardant Angélique avec intérêt.)
Il peut bien se tromper sur le choix des moyens
D'assurer son bonheur et le bonheur des siens :
Mais son intention est toujours droite et pure ;
Et je souhaiterais à tel qui le censure,
Et la même franchise et la même bonté.

MADAME DE PLINVILLE.

Eh ! mais quelle chaleur ! il semble en vérité !...

MADAME DE ROSELLE.

Que du nom d'*Optimiste* en riant on le nomme ;
Mais qu'on dise que c'est un honnête, un digne homme.

MADAME DE PLINVILLE.

Qui vous dit le contraire ?

ANGÉLIQUE.

Oh ! personne ; mais quoi !
L'entendre ainsi louer est un plaisir pour moi,
Je ne m'en défends pas.

MADAME DE PLINVILLE.

Fort bien, mademoiselle ;
Mais la leçon d'anglais, quand commencera-t-elle ?

ANGÉLIQUE.

Je croyais rencontrer monsieur Belfort ici.

MADAME DE PLINVILLE.

Eh bien ! de son côté, Belfort vous cherche aussi.

ANGÉLIQUE, voulant sortir.

Je vais...

MADAME DE PLINVILLE.

Où ? le chercher au bout de l'avenue ?
Perdez tout votre temps en allée et venue.

Je retourne au château ; je vais vous l'envoyer.
Attendez-le, et songez à bien étudier ;
Car vous vous mariez dans quelques jours peut-être ;
Il faudra bien qu'alors vous vous passiez de maître.
(Elle sort.)

SCÈNE VIII

MADAME DE ROSELLE, ANGÉLIQUE.

MADAME DE ROSELLE.

Je vous possède donc pour un petit moment.
On ne peut vous parler, ni vous voir seulement.
Il semble, en vérité, que vous fuyez ma vue :
C'est cependant pour vous qu'ici je suis venue.

ANGÉLIQUE.

D'un tel empressement mon cœur est pénétré.

MADAME DE ROSELLE.

En ce cas, prouvez-moi que vous m'en savez gré.
De ma jeune cousine on me vantait sans cesse
L'enjoûment, la beauté, la grâce, la finesse.
Je trouve bien l'esprit, la grâce, les appas ;
Mais, quant à l'enjoûment, je ne le trouve pas.

ANGÉLIQUE.

Vous me flattez. Pour moi, s'il faut que je le dise,
Plus agréablement je fus d'abord surprise ;
Car tout ce que je vois est encore au-dessus...

MADAME DE ROSELLE.

Ne me louez pas tant, et riez un peu plus.
Faut-il donc vous prier d'être gaie à votre âge,
Surtout quatre ou cinq jours avant le mariage ?
Le mari dont pour vous vos parents ont fait choix
Mérite votre amour, ou du moins je le crois.

ANGÉLIQUE.

Il est fort estimable.

MADAME DE ROSELLE.

Oh ! tout à fait, ma chère.
Et vous formez ces nœuds avec plaisir, j'espère ?

ANGÉLIQUE.

Avec plaisir, madame? oui, c'en est un pour moi
De contenter mon père; il engage ma foi,
Me donne à son ami : j'obéis sans murmure.

MADAME DE ROSELLE.

Vous serez très-heureuse avec lui, j'en suis sûre.
(A part.)
Pauvre enfant! Ne laissons point faire cet hymen.
Mais j'aperçois Belfort. Suivons notre examen :
Sachons si, par hasard, ils sont d'intelligence.

SCÈNE IX

MADAME DE ROSELLE, ANGÉLIQUE, M. BELFORT.

MADAME DE ROSELLE.

On pourrait vous gronder d'un peu de négligence.
On vous attend ici depuis longtemps...

M. BELFORT.

Pardon.
J'ai peut-être manqué l'heure de la leçon ;
Mais c'est que j'ai cheché longtemps mademoiselle.

ANGÉLIQUE.

Point d'excuse, monsieur. Je connois votre zèle.

MADAME DE ROSELLE.

Avez-vous un livre?

M. BELFORT.

Oui ; j'ai là Milton.

MADAME DE ROSELLE.

Eh bien!
Commencez la leçon. Que je n'empêche rien.
(A part.)
Je vais les observer.

ANGÉLIQUE.

Mais...

MADAME DE ROSELLE.

Commencez de grâce.
Je n'entends point l'anglais; mais j'ai sur moi le Tasse.
Je vais lire à deux pas. Allons, point de façon.
(Elle se retire, mais ne va pas loin; et pendant la scène suivante, paraît de temps en temps à travers le feuillage.)

SCÈNE X

ANGÉLIQUE, M. BELFORT. Ils restent un moment sans rien dire.

ANGÉLIQUE.

Je vais mettre à profit, monsieur, cette leçon.
Car... que sais-je?... peut-être est-elle la dernière.

M. BELFORT.

Vous croyez?...

ANGÉLIQUE.

Je le crains, monsieur. Votre écolière
Aurait encor besoin de vos leçons, je croi.

M. BELFORT.

M. de Morinval sait l'anglais mieux que moi

ANGÉLIQUE.

Et...
Je ne doute point du tout de sa science;
Mais je doute qu'il ait autant de patience.

M. BELFORT.

Croyez qu'auprès de vous on n'en a pas besoin.
Sans doute, avec plaisir il va prendre ce soin :
Puis il parle la langue, il arrive de Londre,
Et c'est un avantage...

ANGÉLIQUE.

Oh! je puis vous répondre
Que je n'apprendrai point à prononcer l'anglais;
L'entendre bien, voilà tout ce que je voulais.

M. BELFORT.

Mais vous en êtes là : car enfin il me semble
Que vous l'entendez...

ANGÉLIQUE.

Oui, quand nous lisons ensemble

Grâces à vous, monsieur, je suis prompte à saisir ;
Vous enseignez si bien !

M. BELFORT.

J'enseigne avec plaisir,
Du moins : il est aisé d'instruire une personne
Qui profite si bien des leçons qu'on lui donne.

ANGÉLIQUE.

Vous trouvez donc, vraiment, que je fais des progrès?

M. BELFORT.

Ah! beaucoup.

ANGÉLIQUE.

Cette étude a pour moi des attraits,
Monsieur : j'ai tout de suite aimé la langue anglaise.

M. BELFORT.

Je ne suis point du tout surpris qu'elle vous plaise,
Mademoiselle : il est des Anglaises à vous
Un tel rapport d'humeur, de sentiments, de goûts!...

ANGÉLIQUE.

Vous croyez ?..

M. BELFORT.

Vous avez beaucoup de leurs manières.
Elles sont nobles, même elles sont un peu fières ;
Elles parlent très-peu, mais parlent à propos,
Ne médisent jamais; et dans leurs moindres mots,
On voit régner toujours une sage réserve.
Voilà leur caractère ; et plus je vous observe,
Plus je crois voir qu'au vôtre il ressemble en tout point.

ANGÉLIQUE.

Je le souhaite, mais je ne m'en flatte point.

M. BELFORT.

Eh bien! Je trouve encore une autre ressemblance.
Oui, d'elles vous avez jusqu'à l'indifférence...
Ah! pardon, je n'ai pas dessein de vous blâmer :
C'est sans doute un bonheur que de ne point aimer.
Mais vous leur ressemblez en cela davantage.
Car enfin, chacun sait qu'elles ont en partage
Un calme, une froideur... et peut-être un dédain
Qui sait les préserver...

ANGÉLIQUE.

Oui, d'un penchant soudain.
Mais elles ne sont pas toujours aussi paisibles.
Souvent ces dehors froids cachent des cœurs sensibles
Où l'amour, en effet, entre d'un pas plus lent
Mais tôt ou tard allume un feu plus violent..
Nous avons vu cela, monsieur, dans nos lectures.

M. BELFORT.

Oui, nous en avons lu d'assez belles peinture
Mademoiselle lit avec goût, avec fruit.

ANGÉLIQUE.

Nous oublions, je crois, la leçon : le temps fuit

SCÈNE XI

ANGÉLIQUE, MADAME DE ROSELLE, M. BELFORT.

MADAME DE ROSELLE.

Eh bien! notre écolière est-elle un peu savante?

M. DE BELFORT.

Tout à fait.

MADAME DE ROSELLE, sans trop d'affectation.

La lecture était intéressante.
Vous êtes attendrie, et votre maître aussi.
Ce Milton quelquefois est touchant. Mais voici
Rose...

SCÈNE XII

LES MÊMES, ROSE.

ROSE.

Eh! mais, venez donc. Il va faire un orage
Terrible.

ANGÉLIQUE.

Un orage?

ROSE.

Oui. Voyez ce gros nuage.

ANGÉLIQUE.

En effet, je n'avais pas fait attention...

MADAME DE ROSELLE, *finement, mais toujours sans affectation.*
Il est vrai, quelquefois la conversation
Nous occupe si fort!

ROSE.
Allons-nous-en bien vite.

MADAME DE ROSELLE.
Elle a raison.

ROSE.
N'ayez pas peur que je vous quitte.
Mais j'aperçois monsieur, ah! j'ai moins de frayeur.

SCÈNE XIII

LES MÊMES, M. DE PLINVILLE.

M. BELFORT.
Le ciel est tout en feu.

M. DE PLINVILLE.
Quel spectacle enchanteur!...
Je vais de ce tableau jouir tout à mon aise.

MADAME DE ROSELLE.
Mais comment se peut-il que ce tableau vous plaise?

ROSE.
Ah! monsieur, sauvons-nous.

M. DE PLINVILLE.
Allons, Rose, du cœur.
Auprès de moi jamais peux-tu craindre un malheur?
(Un coup de tonnerre épouvantable.)

TOUTES LES FEMMES.
Ah Dieu!

M. BELFORT.
Quel bruit affreux!

M. DE PLINVILLE.
Le beau coup! il m'enflamme,
Vers la divinité cela m'élève l'âme.

ANGÉLIQUE.
Sans doute, il est tombé tout près d'ici.

M. DE PLINVILLE.

Non, non.
Le tonnerre jamais ne tombe en ce canton.
La grêle dans nos champs ne fait point de ravages :
La rivière jamais n'inonde nos rivages.

MADAME DE ROSELLE.

C'est vraiment un pays rare que celui-ci.

SCÈNE XIV

LES MÊMES, M. DE MORINVAL.

M. DE MORINVAL.

Voyons, trouverez-vous du bonheur à ceci?
Le tonnerre est tombé...

M. DE PLINVILLE.

Bon ! où donc?

M. DE MORINVAL.

Sur la grange.
Elle est en feu.

M. BELFORT.

J'y cours.

(Il sort.)

M. DE PLINVILLE.

Je respire.

M. DE MORINVAL.

Qu'entends-je !
Vous vous réjouirez encor de ce fléau?

M. DE PLINVILLE.

Pourquoi non? il pouvait tomber sur le château[1].

(Ils sortent tous.)

1. Quoique ce trait ait toujours paru faire plaisir, je n'en ai jamais été très-content. Je regrette de n'avoir pas connu plus tôt l'excellent roman de Goldsmith (*le Ministre de Wakefield*). J'aurais pu faire usage d'un passage où il est question aussi d'incendie, mais où l'optimiste Primerose est bien supérieur au mien. Il craint quelque temps pour ses enfants, s'agite, se dévoue, les sauve enfin ; et, voyant d'un côté sa femme et ses enfants hors de danger, et de l'autre sa maison en proie aux flammes, il s'écrie : « Tu peux « brûler, ô ma maison ! j'ai sauvé les meubles les plus précieux. » Qui ne sent l'énorme différence qu'il y a entre ce trait sublime, et une saillie qui fait rire seulement? (*Note de l'auteur.*)

ACTE TROISIÈME

SCÈNE I

M. DE PLINVILLE, ROSE.

M. DE PLINVILLE.

Le soleil reparaît. L'herbe est déjà plus verte :
Chaque fleur se ranime, et la terre entr'ouverte
Exhale un doux parfum. N'est-il pas vrai qu'on sent..
Un calme... une fraîcheur... un charme ravissant?
Car il en est de nous ainsi que d'une plante.
Oh! que voilà, ma chère, une pluie excellente!
Nous avions grand besoin de cet orage-ci.

ROSE.

Mais la grange est détruite.

M. DE PLINVILLE.

Il est vrai, mais aussi
J'ai sauvé l'écurie : elle était presque neuve.
Je le dois à Belfort. J'avais plus d'une preuve
De son bon cœur; mais quoi! c'est un brave, vraiment.
As-tu vu comme il s'est exposé hardiment?

ROSE.

Je le crois bien. Aussi s'est-il blessé.

M. DE PLINVILLE.

Quoi, Rose?

ROSE.

Il s'est brûlé la main.

M. DE PLINVILLE.

Je sais, c'est peu de chose.

ROSE.

Peu de chose?

M. DE PLINVILLE.

Il m'a dit que cela n'était rien.

ROSE.

Il me l'a dit aussi; mais, moi, je voyais bien
Qu'il souffrait, et beaucoup; car, à cette nouvelle,
J'étais vite accourue avec mademoiselle.
Nous le voyons auprès de monsieur Morinval.
Il ne s'occupait pas seulement de son mal.
« Sur votre main, monsieur (lui dis-je), il faudrait mettre
« Quelque chose : je vais, si vous voulez permettre..
« — Bien obligé (dit-il), il n'en est pas besoin.
« —Oh ! (dis-je) avec plaisir je vais prendre ce soin. »
Il me donne sa main; ma maîtresse déchire
Un mouchoir en tremblant : lui paraissait sourire,
Regardait, tour à tour, mademoiselle et moi :
J'en suis encore émue, et je ne sais pourquoi.

M. DE PLINVILLE.

Tu m'enchantes : l'aimable et douce créature!

ROSE.

Il se faut entr'aider, c'est la loi de nature.
Dans La Fontaine, hier, je lisais ce vers-là.

M. DE PLINVILLE.

Vous lisez La Fontaine?

ROSE.

Eh oui ! je sais déjà
Douze fables au moins : cela s'apprend sans peine.
J'ai mon livre à la main lorsque je me promène.

M. DE PLINVILLE.

Bien.

ROSE.

C'est monsieur Belfort qui m'en a fait présent.
Il me fait réciter : il est si complaisant!

M. DE PLINVILLE.

D'avoir un pareil maître Angélique est charmée!...

ROSE.

Oh ! oui. C'est bien dommage : on est accoutumée...
Ce mariage-là va nous contrarier.

M. DE PLINVILLE.

Que veux-tu, mon enfant ! il faut se marier.

SCÈNE II

M. DE PLINVILLE, MADAME DE PLINVILLE, ROSE.

MADAME DE PLINVILLE.

A quoi s'amuse-t-elle ? à babiller ?

ROSE.

J'arrive.

MADAME DE PLINVILLE.

Partez, allez ranger, Surtout, soyez moins vive.

ROSE.

Pardon.

MADAME DE PLINVILLE.

Qu'attendez-vous ? partez donc.

ROSE.

Je m'en vais.
Mademoiselle, au moins, ne me gronde jamais.

(Elle sort.)

SCÈNE III

M. DE PLINVILLE, MADAME DE PLINVILLE

M. DE PLINVILLE.

Je suis vraiment fâché quand je vois qu'on la gronde;
Car je l'aime beaucoup.

MADAME DE PLINVILLE.

Vous aimez tout le monde...

M. DE PLINVILLE.

Rien n'est plus naturel. Eh bien ! parlons du feu.
Il est éteint.

MADAME DE PLINVILLE.

Enfin !

M. DE PLINVILLE.

En peu de temps, parbleu !
On s'en est rendu maître. Il n'a duré qu'une heure.
On l'a mené...

MADAME DE PLINVILLE.

Riez.

M. DE PLINVILLE.

Voulez-vous que je pleure?

MADAME DE PLINVILLE.

Je sais bien que jamais vous n'avez de chagrin.

M. DE PLINVILLE.

Eh! tant mieux.

MADAME DE PLINVILLE.

A lui voir ce visage serein
On croirait qu'il s'agit de la grange d'un autre.

M. DE PLINVILLE.

J'aime mieux que le feu soit tombé sur la nôtre.
Pour tout autre ce coup eût été plus fatal:
Nous sommes en état de supporter le mal.

MADAME DE PLINVILLE.

Vous êtes, sans mentir, un homme bien étrange!

M. DE PLINVILLE.

Eh! de quoi s'agit-il après tout? d'une grange.
Eh bien! ma chère amie, on la rebâtira.
J'ai du bois en réserve, et l'on s'en servira.
Je n'ai pas fait bâtir depuis longtemps, je pense.

MADAME DE PLINVILLE.

Vous ne cherchez qu'à faire ici de la dépense.

M. DE PLINVILLE.

Les pauvres ouvriers y gagneront. Enfin,
Sans de tels accidents, beaucoup mourraient de faim.
Eh! ne faut-il donc pas que tout le monde vive?

MADAME DE PLINVILLE.

Oui, mais en nourrissant les autres, il arrive
Qu'on se ruine.

M. DE PLINVILLE.

Bon! l'on a toujours assez.
Et les cent mille écus qu'à Paris j'ai laissés?

MADAME DE PLINVILLE.

Vous avez mal choisi votre dépositaire.
Que ne les placiez-vous plutôt chez un notaire?

M. DE PLINVILLE.

Un notaire, crois-moi, ne vaut pas un ami.
Dorval, assurément, ne s'est point endormi.
Il devait me placer, comme il faut, cette somme.

MADAME DE PLINVILLE.

Mais êtes-vous bien sûr qu'il soit un honnête homme?

M. DE PLINVILLE.

Honnête homme? Dorval!...

MADAME DE PLINVILLE.

Je sais qu'il joue.

M. DE PLINVILLE.

Un peu.

MADAME DE PLINVILLE.

Beaucoup : c'est un joueur.

M. DE PLINVILLE.

Il est heureux au jeu.

MADAME DE PLINVILLE.

La rente cependant ne vient point.

M. DE PLINVILLE.

Oh! j'espère...

MADAME DE PLINVILLE.

Vous espérez toujours.

SCÈNE IV

ANGELIQUE, M. et MADAME DE PLINVILLE.

M. DE PLINVILLE, *à Angélique.*

Ah! te voilà, ma chère;
Eh bien! es-tu remise un peu de ta frayeur?

ANGÉLIQUE.

Oui; je craignais encore un bien plus grand malheur.

M. DE PLINVILLE.

Çà! puisque le hasard tout les trois nous rassemble,
Profitons-en : parlons de mariage ensemble.

MADAME DE PLINVILLE.

Au lieu d'en parler, moi, je vais tout préparer.
Ce n'est pas tout : il faut promptement réparer

Le tort qu'a fait le feu. Ce soin-là me regarde;
Car à tous ces détails vous ne prenez pas garde.
Voilà la flamme éteinte, et vous croyez tout dit.
Quel homme!

(Elle sort en haussant les épaules.)

SCÈNE V

ANGÉLIQUE, M. DE PLINVILLE.

M. DE PLINVILLE.

Son humeur vraiment me divertit.
Dans un ménage il faut de petites querelles.
Tu m'en diras bientôt, toi-même, des nouvelles.

ANGÉLIQUE.

Je vais donc vous quitter?

M. DE PLINVILLE.

J'en ai bien du regret;
Mais enfin...

ANGÉLIQUE.

Jour et nuit j'en gémis en secret.

M. DE PLINVILLE.

Je le crois aisément: je connais ta tendresse.

ANGÉLIQUE, serrant affectueusement la main de son père.

Mon père!...

M. DE PLINVILLE.

Aimable enfant! comme elle me caresse!
Délicieux transport! Ah! viens, viens dans mes bras.

ANGÉLIQUE.

M'aimez-vous?

M. DE PLINVILLE.

Si je t'aime? eh! tu n'en doutes pas.
Je donnerais pour toi mon bien, mon sang, ma vie.

ANGÉLIQUE.

Eh bien...

M. DE PLINVILLE.

Parle, dis-moi ce qui te fait envie.

ANGÉLIQUE.

Mon père, auprès de vous que je vive toujours.

M. DE PLINVILLE.

Oui, j'aurais avec toi voulu finir mes jours.
Tu sèmerais de fleurs la fin de ma carrière :
Je sourirais encore, à mon heure dernière.
Mais ton futur époux demeure à trente pas.
Et nous serons voisins.

ANGÉLIQUE.

Vous ne m'entendez pas.

M. DE PLINVILLE.

Si fait. Je t'entends bien. Crois que ton père est tendre.
Qu'il est fait pour t'aimer, et digne de t'entendre.
Tu soupires ?

ANGÉLIQUE.

Hélas ! si vous saviez... combien...
Morinval !...

M. DE PLINVILLE.

Est aimé ? Va, va, je le sais bien.

SCÈNE VI

LES MÊMES, M. DE MORINVAL, M. BELFORT.

Celui-ci a la main enveloppée d'un ruban noir.

M. DE PLINVILLE.

Ah ! bonjour, mes amis.

(A Morinval, d'un air mystérieux.)

Mais, quels progrès vous faites !

M. DE MORINVAL.

Comment ? que dites-vous ?

M. DE PLINVILLE.

Trop heureux que vous êtes !

M. DE MORINVAL.

Ce n'est pas mon défaut, cependant... Vous riez ?

M. DE PLINVILLE.

On vous aime cent fois plus que vous ne croyez ;
Et l'on vient de me faire un aveu...

ANGÉLIQUE.

Quoi, mon père ?...

M. DE PLINVILLE.

Non, tu voudrais en vain me prier de me taire.
Après tout, Morinval est ton futur époux.
Belfort est notre ami : nous le chérissons tous.
Sans doute il est charmé que Morinval te plaise.
N'est-il pas vrai, monsieur?

M. BELFORT, *d'un air contraint.*

Qui? moi? j'en suis fort aise.

M. DE PLINVILLE.

Sachez donc...

ANGÉLIQUE.

C'en est trop. Je ne puis...

M. DE PLINVILLE.

Il suffit.
Je me tais ; mais je crois en avoir assez dit.

M. DE MORINVAL.

Mon bonheur est trop grand, pour qu'ici je le croie:
Je n'ose me livrer à l'excès de ma joie.

M. DE PLINVILLE.

Allons, doutez encor! Mais quel homme! En ce cas,
Vous mériteriez bien qu'on ne vous aimât pas.
Et vous, mon cher Belfort, comment va la blessure?

M. BELFORT, *avec un chagrin concentré.*

Ah! je n'y songeais pas, monsieur, je vous assure.

M. DE PLINVILLE.

Je n'oublîrai jamais ce généreux secours.

M. BELFORT.

Monsieur, sans nul regret j'aurais donné mes jours.
Puis... ces blessures-là ne sont pas dangereuses.

M. DE PLINVILLE.

C'est dommage, mon cher, qu'elles soient douloureuses.

M. BELFORT.

Celle-ci doit, du moins, avant peu se guérir :
Trop heureux qui n'a pas d'autres maux à souffrir!

(*Il sort.*)

SCÈNE VII

ANGÉLIQUE, M. DE MORINVAL, M. DE PLINVILLE.

M. DE MORINVAL.

Il paraît abattu.

M. DE PLINVILLE.

Cette mélancolie.
Lui sied : elle vaut mieux cent fois que la folie.
Mais parlons de vous deux. Ma fille, en ce moment,
Nous sommes sans témoins; et tu peux librement
Faire à ce bon ami l'aveu...

SCÈNE VIII

LES MÊMES, LÉPINE, *d'un air niais.*

LÉPINE.

Mademoiselle,
Madame vous demande.

M. DE PLINVILLE.

Eh mais! que lui veut-elle?

LÉPINE.

Moi, je ne sais, monsieur. On ne me dit jamais
Le pourquoi : seulement, on me dit : *va*, je vais.

M. DE PLINVILLE.

Ce Lépine est naïf.

LÉPINE.

Vous êtes bien honnête.
Madame dit pourtant que je suis une bête;
Car madame et monsieur sont rarement d'accord :
Moi, je suis de l'avis de monsieur : ai-je tort?

M. DE PLINVILLE.

Non, ce que tu dis là prouverait le contraire.

(*Lépine sort.*)

SCÈNE IX

M. DE MORINVAL, M. DE PLINVILLE.

M. DE PLINVILLE.

Enfin vous êtes sûr que vous avez su plaire ;
Vous allez, je l'espère, être heureux à présent.

M. DE MORINVAL.

Oui, si l'on pouvait l'être.

M. DE PLINVILLE.

Ah ! le trait est plaisant.
Si l'on pouvait !... comment, vous en doutez encore ?

M. DE MORINVAL.

Toujours.

M. DE PLINVILLE.

Mais vous aimez ma fille ?

M. DE MORINVAL.

Je l'adore.

M. DE PLINVILLE.

Angélique, à son tour, vous aime ?

M. DE MORINVAL.

Je le croi.

M. DE PLINVILLE.

Vous allez recevoir et sa main et sa foi :
Que vous faut-il de plus ?

M. DE MORINVAL, *vivement.*

Mais est-on, je vous prie,
Heureux précisément parce qu'on se marie ?

M. DE PLINVILLE.

Ah ! mon ami, l'hymen...

M. DE MORINVAL.

L'hymen a ses douceurs,
Je le sais ; sur la vie il sème quelques fleurs.
Mais j'en vois les soucis, les ennuis, les alarmes.

M. DE PLINVILLE.

Eh ! voyez-en plutôt les plaisirs et les charmes ;
Voyez ces chers enfants, gages de votre amour...

M. DE MORINVAL.

A des infortunés je donnerai le jour.

M. DE PLINVILLE.

Les voilà malheureux même avant que de naître !

M. DE MORINVAL.

Je le fus, je le suis : pourraient-ils ne pas l'être?
Ils ne pourront, du moins, échapper aux douleurs
L'homme, dès en naissant, crie et verse des pleurs.

M. DE PLINVILLE.

Ces pleurs sont un langage, et non pas une plainte.

M. DE MORINVAL.

De mille infirmité son enfance est atteinte.
Pendant deux ans entiers, captif dans son berceau,
Il souffre...

M. DE PLINVILLE.

Avant d'être arbre, il faut être arbrisseau.

M. DE MORINVAL.

Tôt ou tard un poison dans les veines circule,
Qui défigure ou tue...

M. DE PLINVILLE.

Oui, mais on inocule.

M. DE MORINVAL.

En a-t-on moins le mal?

M. DE PLINVILLE.

Il n'est plus dangereux.
Pour les femmes, surtout, ce secret est heureux:
Elles ne craignent point de se voir enlaidies.

M. DE MORINVAL.

Mais combien d'autres maux!...

M. DE PLINVILLE.

S'il est des maladies,
Il est des médecins.

M. DE MORINVAL.

C'est encore bien pis.

M. DE PLINVILLE.

Répétez les bons mots que tout le monde a dits!
Il est d'habiles gens, et qu'à tort on insulte.

Souffre-t-on ? On écrit à Paris ; on consulte
Un illustre... Petit, je suppose : il répond ;
Et vous guérit bientôt[1].

M. DE MORINVAL.

Ah ! tout de suite.

M. DE PLINVILLE.

Au fond,
Soyons de bonne foi ; trop souvent nos souffrances
Sont la suite et le fruit de nos intempérances.
La nature nous a prodigué tous ses dons;
Nous abusons de tout, et puis, nous nous plaignons !

M. DE MORINVAL.

Vous pourriez, en ce point, avoir raison peut-être;
Mais qu'on a droit, d'ailleurs, de se plaindre ! est-on
[maître,
Par exemple, d'avoir de la fortune ?

M. DE PLINVILLE.

Non ;
Mais le pauvre, content de sa condition,
Est heureux comme nous. Allez, le ciel est juste,
Et l'ouvrier actif, le paysan robuste.
Ont aussi leurs plaisirs, plaisirs purs, naturels...

M. DE MORINVAL.

Vous ne croyez donc pas qu'il soit des maux réels ?

M. DE PLINVILLE.

Très-peu.

M. DE MORINVAL.

Nos passions, ennemis domestiques,
Ne sont donc, selon vous, que des maux chimériques ?

M. DE PLINVILLE.

Ah ! fort bien ! vous nommez les passions des maux !
Sans elles, nous serions au rang des animaux.
Il faut des passions, il nous en faut, vous dis-je;
Et ce sont de vrais biens, pourvu qu'on les dirige.

[1] Quelques critiques ont prétendu que le public, ainsi que M. Petit, n'avaient pas besoin de cet éloge; mais ils n'ont pas pensé que j'en avais besoin, moi, et que j'acquittais ainsi une dette chère à mon cœur. (*Note de l'auteur.*)

M. DE MORINVAL.

Oui ! dirigez l'amour.

M. DE PLINVILLE.

Pourquoi non ? Sentez-vous
Ce qu'un amour honnête a de touchant, de doux ?
Quel plaisir d'attendrir la beauté que l'on aime,
Et de s'aimer encore en un autre soi-même !
De !... J'en aurais parlé bien mieux à vingt-cinq ans.
Hélas ! j'ai, sans retour, passé cet heureux temps...
Mais un bien vient toujours nous tenir lieu d'un autre :
L'amitié me console, et je bénis la nôtre.

M. DE MORINVAL.

Vous nous parlez ici d'amour et d'amitié.
De nos affections ce n'est pas la moitié.
Ne comptez-vous pour rien l'avarice sordide,
L'ambition, l'envie et la haine perfide ?
Vous, monsieur, qui peignez toutes choses en beau,
Je vous défie ici d'égayer le tableau.

M. DE PLINVILLE.

Oui, ces noms sont affreux, mais les choses sont rares
Au siècle où nous vivons, il est fort peu d'avares ;
D'envieux, Dieu merci, je n'en connais pas un ;
La haine enfin n'est pas un vice très-commun.
L'ambition, peut-être, est un peu plus commune ;
Mais, soit qu'elle ait pour but les honneurs, la fortune,
C'est un beau mouvement qui n'est pas défendu ;
Souvent, loin d'être un vice, elle est une vertu.
Chaque chose a son temps. L'enfance est consacrée
Aux doux jeux ; la jeunesse à l'amour est livrée,
Et l'âge mûr au soin d'établir sa maison.
Croyez-moi, le bonheur est de toute saison.

M. DE MORINVAL.

Vous allez voir qu'il est aussi dans la vieillesse !

M. DE PLINVILLE.

Sans doute, Morinval. Ainsi que la jeunesse,
A le bien prendre, elle a ses innocents plaisirs :
C'est l'âge du repos, celui des souvenirs.
J'aime à voir d'un vieillard la vénérable marche,
Les cheveux blancs ; je crois revoir un patriarche.

Il guide la jeunesse, il en est respecté ;
Il raconte une histoire et se voit écouté.

M. DE MORINVAL.

Et tout cela finit ?

M. DE PLINVILLE.

Mais... par la dernière heure.
Je suis né, Morinval ; il faut donc que je meure.
Eh bien ! tranquille et gai jusqu'au dernier instant,
Comme je vis heureux, je dois mourir content.

M. DE MORINVAL.

Et moi... Car, à mon tour, il faut que je réponde,
Et que par mille faits, enfin, je vous confonde,
Je vous soutiens, morbleu ! qu'ici-bas tout est mal.
Tout, sans exception, au physique, au moral.
Nous souffrons en naissant, pendant la vie entière,
Et nous souffrons surtout à notre heure dernière.
Nous sentons, tourmentés au dedans, au dehors,
Et les chagrins de l'âme, et les douleurs du corps.
Les fléaux avec nous ne font ni paix ni trêve ;
Ou la terre s'entr'ouvre, ou la mer se soulève,
Nous-mêmes, à l'envi, déchaînés contre nous,
Comme si nous voulions nous exterminer tous,
Nous avons inventé les combats, les supplices ;
C'était peu de nos maux, nous y joignons nos vices.
Aux riches, aux puissants l'innocent est vendu.
On outrage l'honneur, on flétrit la vertu.
Tous nos plaisirs sont faux, notre joie indécente :
On est vieux à vingt ans, libertin à soixante.
L'hymen est sans amour, l'amour n'est nulle part.
Pour le sexe on n'a plus de respect ni d'égard.
On ne sait ce que c'est que de payer ses dettes,
Et de sa bienfaisance on remplit les gazettes.
On fait de plate prose et de plus méchants vers.
On raisonne de tout, et toujours de travers ;
Et dans ce monde enfin, s'il faut que je le dise,
On ne voit que noirceur, et misère, et sottise.

M. DE PLINVILLE.

Voilà ce qui s'appelle un tableau consolant !
Vous ne le croyez pas, vous-même, ressemblant.

De cet excès d'humeur je ne vois point la cause.
Pourquoi donc s'emporter, mon ami, quand on cause
Vous parlez de volcans, de naufrage... Eh ! mon cher,
Demeurez en Touraine, et n'allez point sur mer.
Sans doute, autant que vous je déteste la guerre ;
Mais on s'éclaire enfin, on ne l'aura plus guère.
Bien des gens, dites-vous, doivent : sans contredit,
Ils ont tort ; mais pourquoi leur a-t-on fait crédit ?
L'hymen est sans amour ? Voyez dans ma famille.
L'amour n'est nulle part ? Demandez à ma fille.
Les femmes sont un peu coquettes ? ce n'est rien :
Ce sexe est fait pour plaire : il s'en acquitte bien.
Tous nos plaisirs sont faux ? mais quelquefois, à table,
Je vous ai vu goûter un plaisir véritable.
On fait de méchants vers ? eh ! ne les lisez pas.
Il en paraît aussi dont je fais très-grand cas.
On déraisonne ? eh oui, parfois un faux système
Nous égare... Entre nous, vous le prouvez vous-même.
Calmez donc votre bile, et croyez qu'en un mot,
L'homme n'est ni méchant, ni malheureux, ni sot.

M. DE MORINVAL.

Fort bien ! Cette réponse est très-satisfaisante.

M. DE PLINVILLE.

Eh ! je ne réponds point, mon ami, je plaisante ;
Car, si je répliquais, nous ne finirions pas,
Et ce serait matière à d'éternels débats.
Pardon, de disputer vous avez la manie ;
Oui, vous semblez goûter une joie infinie
A ces tristes tableaux ; d'honneur ! vous affectez
De voir tous les objets par leurs mauvais côtés.

M. DE MORINVAL.

Ah ! j'ai grand tort !...

M. DE PLINVILLE.

Peut-être ; oui, celui d'être extrême,
Et surtout de juger en moi comme un système,
Ce qui n'est que l'effet d'un heureux naturel,
Qu'on peut blâmer, dont moi je rends grâces au ciel.
Je n'ai point cet esprit de fiel et de critique :
Simple, et me piquant peu de vaste politique,

Je supporte les maux, je savoure les biens :
J'en jouis, à la fois, pour moi-même et les miens.
Car mes soins ne pouvant embrasser tous les hommes,
Je tâche, ici du moins, que tous tant que nous sommes,
Goûtions la paix, l'aisance et le bonheur... bonheur
Que je trouve surtout dans le fond de mon cœur.

M. DE MORINVAL.

Je vois bien qu'avec vous je n'ai plus qu'à me taire.
Gardez, monsieur, gardez votre heureux caractère.

SCÈNE X

M. DE MORINVAL, M. DE PLINVILLE,
MADAME DE ROSELLE.

MADAME DE ROSELLE.

En vérité, voilà des chasseurs bien hardis !

M. DE PLINVILLE.

Comment donc ?

MADAME DE ROSELLE.

Ils sont là sept ou huit étourdis
Qui ne se gênent pas.

M. DE MORINVAL.

Ayez donc une chasse !

M. DE PLINVILLE.

Ils se seront trompés ; il faut leur faire grâce.

M. DE MORINVAL.

Mais allez voir, du moins...

M. DE PLINVILLE.

J'y vais... quoiqu'entre nous,
Mon cher, je ne sois point de ces seigneurs jaloux
Qui gardent leur gibier, comme on fait sa maîtresse;
Je sens très-bien qu'il faut excuser la jeunesse;
Qu'un jeune homme, en passant, tire sur un perdreau...

M. DE MORINVAL.

On ne vient pas tirer à vingt pas d'un château.

M. DE PLINVILLE.

Aussi j'y vais mettre ordre. En me voyant paraître,
Ils seront plus fâchés que moi-même peut-être.

M. DE MORINVAL.

Ne vous exposez pas.

M. DE PLINVILLE.

A quoi, cher Morinval?
Pourquoi donc voulez-vous qu'on me fasse du mal,
A moi qui n'en ai fait de ma vie à personne?

(Il sort.)

SCÈNE XI

M. DE MORINVAL, MADAME DE ROSELLE.

M. DE MORINVAL.

Jamais il ne craint rien, jamais il ne soupçonne;
Quel homme!

MADAME DE ROSELLE.

Je voudrais pourtant lui ressembler.

(A part.)

Allons, nous voilà seuls. Il est temps de parler.

(Haut.)

Vous accusez tout bas madame de Mirbelle,
Monsieur: votre bonheur est retardé par elle.

M. DE MORINVAL.

Je dois m'en consoler, puisque je la verrai.
Encor, si mon bonheur n'était que différé!

MADAME DE ROSELLE.

Ce retard, après tout, est fort heureux peut-être:
Quand on doit s'épouser, il faut se bien connaître.

M. DE MORINVAL.

Pour connaître Angélique, il suffit d'un instant;
Et de moi, ce me semble, elle en peut dire autant.
Ma franchise, je crois...

MADAME DE ROSELLE.

Sert d'excuse à la mienne.
Êtes-vous bien, monsieur, sûr qu'elle vous convienne,
Sûr de lui convenir?

M. DE MORINVAL.

Ah! quant au premier point,
Elle me plaît, madame, et vous n'en doutez point.

Je n'ose pas ainsi me flatter de lui plaire.
Peut-être, en ce moment, savez-vous le contraire?
Elle vous l'aura dit.

MADAME DE ROSELLE.

Point du tout, mais j'ai peur...
Que vous dirai-je enfin? il s'agit du bonheur.
Vous ne voudriez pas qu'elle fût malheureuse,
Vous avez pour cela l'âme trop généreuse...

M. DE MORINVAL.

Fort bien. Je vous entends : je vois ce qu'il en est.
Vous voulez doucement m'annoncer mon arrêt.

MADAME DE ROSELLE.

Mais... quoique votre peur puisse être mal fondée,
Vous ne feriez pas mal de suivre votre idée,
De savoir, en un mot, si l'on vous aime ou non.
La chose vous regarde.

M. DE MORINVAL.

Oui, vous avez raison.
Et si c'est un refus que sa bouche prononce,
D'abord, quoiqu'à regret, à sa main je renonce;
Et je vous saurai gré de m'avoir averti.

(Il sort.)

SCÈNE XII

MADAME DE ROSELLE, seule.

C'est un fort galant homme : il prendra son parti.
Angélique, du moins, n'a plus d'hymen à craindre.
Elle sera peut-être encore bien à plaindre.
Mais son sort peut changer. Toujours est-ce un grand [point;
De ne pas épouser celui qu'on n'aime point.

ACTE QUATRIÈME.

SCÈNE I

ANGÉLIQUE, ROSE.

ROSE.

Vous paraissez plus gaie.

ANGÉLIQUE.

Ah! j'ai sujet de l'être:
Morinval à ma main va renoncer peut-être.

ROSE.

Se peut-il?... Il sait donc que vous ne l'aimez point?

ANGÉLIQUE.

Il devrait le savoir. J'ai vu que sur ce point
Il venait pour sonder le fond de ma pensée
Il a dû me trouver contrainte, embarrassée
Et s'il est pénétrant, il se sera douté...

ROSE.

Que ne lui parliez-vous avec plus de clarté?

ANGÉLIQUE.

Je crois en avoir dit assez pour faire entendre
Qu'à mon cœur vainement il espérait prétendre.
Rose, je me souviens d'avoir dit quelques mots
Assez clairs...

ROSE.

S'il pouvait nous laisser en repos,
Mademoiselle! alors, toutes deux, ce me semble,
Nous serions, sans mari, bien tranquilles ensemble.

ANGÉLIQUE.

Ah! ma chère, il n'est point de bonheur ici-bas.

ROSE.

Pourquoi, mademoiselle?

ANGÉLIQUE.

Eh! mais... On ne voit pas
Monsieur Belfort, où donc est-il?

ROSE

Il se promène
Depuis une heure, seul, autour de la garenne.
Il est pensif, rêveur : il a quelques chagrins,
Ou je me trompe fort.

ANGÉLIQUE.

Est-il vrai?

ROSE.

Je le crains.
Il soupire.

ANGÉLIQUE.

Il soupire?... Entre nous, chère Rose,
De ses secrets ennuis t'a-t-il dit quelque chose?

ROSE.

Jamais. Il est discret.

ANGÉLIQUE.

Mais il a tort, je crois,
De demeurer ainsi tout seul au fond des bois.
Mon père, moi, surtout madame de Roselle,
Nous le dissiperions.

ROSE.

Eh! oui, mademoiselle.
Si j'allais le chercher moi-même?

ANGÉLIQUE.

Eh bien! vas-y.
Qu'il se rende au château, Rose, et non pas ici.

ROSE.

Oh! non.

ANGÉLIQUE.

Ne lui dis point que c'est moi qui t'envoie.

(Rose sort.)

SCÈNE II

ANGÉLIQUE, seul.

Des peines qu'il ressent que faut-il que je croie?
J'ai les miennes aussi qui me font bien souffrir.
Ce dernier entretien vient sans cesse s'offrir.

Mais chassons une idée... hélas, trop dangereuse,
Qui ne peut que me rendre à jamais malheureuse.

SCÈNE III

M. DE PLINVILLE, ANGÉLIQUE.

M. DE PLINVILLE.

En ce lieu solitaire Angélique rêvait;
Gageons que Morinval en était le sujet.

ANGÉLIQUE.

Non, mon père.

M. DE PLINVILLE.

Ma fille avec moi dissimule?
Ah! cela n'est pas bien. A quoi bon ce scrupule?
Pour cacher ton amour tes soins sont superflus.
Je le sais... Tu rougis! Allons, n'en parlons plus.
Picard, dit-on, me cherche, afin de me remettre
Le paquet... et j'attends surtout certaine lettre.
(Il voit Picard.)
Ah! bon.
(Il appelle.)
Picard?

SCÈNE IV

M. DE PLINVILLE, PICARD, tout essoufflé, ANGÉLIQUE.

PICARD.

Picard! vous me faites courir!

M. DE PLINVILLE.

Pardon.

PICARD.

C'est un valet : il est fait pour souffrir.

M DE PLINVILLE.

Donne, mon cher Picard, et retourne à ton poste.
(En prenant les lettres des mains de Picard.)
La belle invention que celle de la poste!

PICARD.

Parlons-en.

M. DE PLINVILLE.

Chaque jour, j'écris à mes amis :
Chaque jour, un courrier part et vole à Paris ;
Et, pour me rapporter bientôt de leurs nouvelles,
Il repart à l'instant et semble avoir des ailes.

PICARD.

Fort bien! vous allez voir que ce sont des oiseaux :
Ils se crèvent pour vous, ainsi que leurs chevaux.
Des ailes! oui.

M. DE PLINVILLE, lisant.

Que vois-je ? Ah Dieu! quelles nouvelles!
Est-il bien vrai?

ANGÉLIQUE.

Mon père ! eh mais, qu'elles sont-elles?

PICARD.

Quoi, monsieur?

M. DE PLINVILLE.

Tous nos fonds de Paris sont perdus.

ANGÉLIQUE.

Ah ciel!

M. DE PLINVILLE.

Dorval au jeu perd deux cent mille écus.
C'est trois cent mille francs que ce jeu-là nous coûte;
Car le pauvre Dorval manque et fait banqueroute.

PICARD.

Banqueroute, monsieur? Ah! le maudit fripon!

M. DE PLINVILLE.

Il n'est que malheureux.

PICARD.

Eh! vous êtes trop bon.
Il vous voleje dis que c'est un tour infâme.
(En s'en allant.)
Banqueroute! ah! bon Dieu! que va dire madame!

SCÈNE V

M. DE PLINVILLE, ANGÉLIQUE.

ANGÉLIQUE, à part.

Je te rends grâce, ô ciel! de ce revers fatal :
Je n'épouserai point monsieur de Morinval.

M. DE PLINVILLE.

On est tout étourdi d'une pareille perte;
Pourtant, une ressource encore m'est offerte;
Et si j'étais tout seul, je me consolerais:
Ma terre, Dieu merci, me reste, et j'en vivrais.
Mais, ma fille!... à quel sort je te vois condamnée!

ANGÉLIQUE.

En quoi donc, plus que vous, serais-je infortunée?

M. DE PLINVILLE.

Hélas! la pauvre enfant, près de se marier!

ANGÉLIQUE.

Ah! croyez que, bien loin de me contrarier...

M. DE PLINVILLE.

Il est tout naturel, lorsque l'on est jolie
Jeune, de souhaiter de se voir établie.
Et toi, dans l'âge heureux des plaisirs, des amours,
Tu vas donc près de nous user tes plus beaux jours!
Ma fille, je te plains.

ANGÉLIQUE, vivement.

Gardez-vous de me plaindre.
C'était l'hymen pour moi, l'hymen qu'il fallait craindre...
Non, vous ne savez pas à quel point je souffrais...
En m'éloignant de vous, j'étouffais mes regrets;
Dans un profond chagrin alors j'étais plongée.
Au contraire, à présent, je me vois soulagée,
En songeant que de vous rien ne peut m'arracher.
(Tendrement et en le caressant.)
Mon père, à vos côtés je prétends m'attacher.
Je veux vous prodiguer mes soins et mes services;
J'en ferai mon bonheur, j'en ferai mes délices.
Que me manquera-t-il? vous m'aimez : près de vous,
Ah! pourrais-je jamais regretter un époux?

M. DE PLINVILLE.

Chère enfant! que ces mots ont flatté mon oreille!
Je n'éprouvai jamais une douceur pareille.
Ainsi donc, comme un baume en notre affliction,
Le ciel nous envoya la consolation.
Par elle on souffre moins... On souffre moins! que dis-je?
Il faut plaindre celui qui jamais ne s'afflige,
Et que les coups du sort n'avaient point accablé :
Il n'a pas le bonheur de se voir consolé.
Pour moi, toujours content, sans chagrins, sans alarmes,
Je n'avais point encor versé de douces larmes.
Personne, jusqu'ici ne m'avait plaint, hélas!
Je me croyais heureux, et je ne l'étais pas.
Mais, dis, est-il bien vrai? faut-il que je te croie?
N'as-tu point de regrets?

ANGÉLIQUE.

Non, ma plus douce joie
Est d'adoucir vos maux, et de les partager.

M. DE PLINVILLE.

Mes maux, s'il est ainsi, n'ont rien que de léger.
Nous serons pauvres, soit : nous verrons moins de monde.
Ma femme dit qu'ici le voisinage abonde.
On sera plus discret : mais nous nous suffirons,
Et ce sera pour nous, enfin, que nous vivrons.

ANGÉLIQUE.

Vous savez que toujours j'aimai la solitude.

M. DE PLINVILLE.

Je le sais; et de plus, tu te plais à l'étude.
On ne peut s'ennuyer avec ces deux goûts-là.
Tiens, vois-tu? je me fais une fête déjà
De vivre seul avec ma petite famille,
Entre ma chère femme et mon aimable fille.
J'aurai moins de laquais, et j'en serai ravi :
Par un seul domestique on est bien mieux servi.
Nous vivrons gais, contents : que faut-il davantage?
Nous nous aimerons bien; nous aurons en partage
Les vrais trésors, la paix, le travail, la santé,
Et... le premier des biens, la médiocrité.

ANGÉLIQUE.

Je sens bien ce bonheur : vous savez mieux le peindre.

SCÈNE VI

M. et MADAME DE PLINVILLE, ANGÉLIQUE.

M. DE PLINVILLE, court à sa femme.

Ma chère amie, au lieu de gémir, de me plaindre,
J'arrange un plan !

MADAME DE PLINVILLE.

Eh bien ! je vous l'avais prédit.
Vous vous en souvenez, je vous ai toujours dit :
« Monsieur, encore un coup, cette somme est trop forte
« Pour l'exposer ainsi ; de grâce... » Mais n'importe !
Il a voulu courir les risques...

M. DE PLINVILLE.

J'en convien ;
Mais quoi, le mal est fait.

MADAME DE PLINVILLE.

Eh ! oui, je le sais bien ;
Aussi, je viens déjà d'y trouver un remède ;
Car il faut toujours, moi, que je vienne à votre aide.

M. DE PLINVILLE.

Quoi ?

MADAME DE PLINVILLE.

Je suis décidée à quitter ce pays.

M. DE PLINVILLE.

Comment ?

MADAME DE PLINVILLE.

Dans quatre jours nous partons pour Paris ;
Et vous aurez, je crois, la bonté de nous suivre.

M. DE PLINVILLE.

Expliquez-vous.

MADAME DE PLINVILLE.

Ici je ne prétends plus vivre.
Si vous ne craignez point, vous, d'être humilié,
J'aurais trop à rougir aux lieux où j'ai brillé.

M. DE PLINVILLE.

Mais, pour vivre à Paris, ma fortune est trop mince :
Au lieu que nous serions à notre aise en province.

MADAME DE PLINVILLE.

Bon ! l'on fait à Paris la dépense qu'on veut :
Il faudrait faire ici beaucoup plus qu'on ne peut.
J'ai pesé tout cela : nous vendrons notre terre.
Je vais à ce sujet écrire à mon notaire.

M. DE PLINVILLE.

Mais quelle promptitude !

MADAME DE PLINVILLE.

Il faut saisir l'instant ;
C'est le jour du courrier, l'heure presse ; on m'attend :
Venez me retrouver, et vous verrez ma lettre.

M. DE PLINVILLE.

Je crois que tout cela peut fort bien se remettre.
Nous en reparlerons.

(Madame de Plinville sort.)

SCÈNE VII

M. DE PLINVILLE, ANGÉLIQUE.

ANGÉLIQUE.

Eh quoi ! si promptement
Vous pourriez consentir à cet arrangement?

M. DE PLINVILLE.

Consentir ? point du tout. L'affaire n'est point faite.
Je tiens à mon projet : oui, je te le répète.
Mais, de ma part, vois-tu, trop d'obstination
N'aurait fait qu'affermir sa résolution.
Je la connais. Au lieu qu'à soi-même laissée,
Ma femme, dès demain, peut changer de pensée.
Je dispute toujours le plus tard que je puis.

SCÈNE VIII

M. DE MORINVAL, M. DE PLINVILLE
ANGÉLIQUE.

M. DE MORINVAL, de loin, à part, sans les voir.
Où donc le rencontrer ? partout je le poursuis.
Mais je le vois... Allons, dégageons ma parole.
(Haut.)
Nous nous flattions tous deux d'un espoir trop frivole,
Cher Plinville. A regret, je viens vous déclarer....
Je ne puis plus longtemps vous laisser ignorer...

M. DE PLINVILLE.
Mon ami, je sais tout. Dorval fait banqueroute :
Je perds cent mille écus.

M. DE MORINVAL.
Cent mille écus ?

M. DE PLINVILLE.
Sans doute.

M. DE MORINVAL.
(A part.)
Je l'ignorais. O ciel! je venais renoncer
A sa fille : de moi qu'aurait-on pu penser ?

M. DE PLINVILLE.
Je sens bien qu'entre nous il n'est plus d'hyménée.

M. DE MORINVAL.
Au contraire.

M. DE PLINVILLE.
Ma fille est toute résignée.
Quant à moi, je ne suis malheureux qu'à demi,
Car, si je perds un gendre, il me reste un ami.

M. DE MORINVAL.
Eh mais ! je n'entends point ce que vous voulez dire.
Comment, vous avez cru que j'irais me dédire,
A cause du revers qui vous est survenu?
Mon ami, je croyais vous être mieux connu.
Trop heureux d'être époux de votre aimable fille !

ANGÉLIQUE, à part.
Dieu !

M. DE PLINVILLE.

Vous voulez encore être de la famille ?

M. DE MORINVAL.

Plût au ciel !

M. DE PLINVILLE.

A ce trait me serais-je attendu ?
Mais nous venons de perdre...

M. DE MORINVAL.

Elle n'a rien perdu ;
Et moi, lorsque je songe aux vertus qu'elle apporte,
Je trouve que sa dot est encore assez forte.

M. DE PLINVILLE.

(Émerveillé.)
Eh bien ! ma fille... Mais qu'as-tu donc ?

ANGÉLIQUE.

Je n'ai rien.

M. DE MORINVAL.

Cependant...

ANGÉLIQUE.

En effet... je ne me sens pas bien.
Vous permettez?

(Elle sort.)

SCÈNE IX

M. DE MORINVAL, M. DE PLINVILLE.

M. DE PLINVILLE.

Ce trait vient d'exciter en elle
Une émotion vive et toute naturelle :
C'est que ma fille sent un noble procédé !

M. DE MORINVAL.

Vous croyez?

M. DE PLINVILLE.

Je le crois, j'en suis persuadé.

M. DE MORINVAL, tristement.

Ah ! cher Plinville !...

M. DE PLINVILLE.

Allons ! nouvelle inquiétude !
Angélique a besoin d'un peu de solitude ;
Voilà tout.

M. DE MORINVAL.

Pardonnez : j'en ai besoin aussi.

M. DE PLINVILLE.

Et vous allez encor nourrir votre souci.

M. DE MORINVAL.

J'en ai sujet.

(Il sort.)

SCÈNE X

M. DE PLINVILLE, seul.

Toujours s'affliger, toujours craindre!
Je le plains... eh! je puis avoir tort de le plaindre.
Il aime le chagrin; et peut-être ma foi,
Est-il, à sa manière, heureux autant que moi.

SCÈNE XI

M. DE PLINVILLE, M. BELFORT.

M. DE PLINVILLE.

Apprenez, cher Belfort, un trait charmant, sublime,
Qui va pour Morinval augmenter votre estime.
Vous savez mon malheur...

M. BELFORT.

J'en suis bien affligé,
Et je venais ici...

M. DE PLINVILLE.

Je vous suis obligé.
Morinval, à l'instant, vient aussi de l'apprendre.
Mais croiriez-vous qu'il veut toujours être mon gendre?

M. BELFORT.

Quoi! se peut-il?

M. DE PLINVILLE.

Voyez quel bonheur est le mien!
Pour moi d'un petit mal il résulte un grand bien.
Mais, adieu; car je vais conter tout à ma femme.

(Il sort.)

SCÈNE XII

M. BELFORT, *seul.*

D'un mot, sans le savoir, il déchire mon âme.
Allons, il faut partir : voilà l'instant fatal.
Ne soyons pas témoin du bonheur d'un rival...
Du bonheur? Mais est-il bien sûr qu'il ait su plaire?
J'ai quelquefois osé soupçonner le contraire.
Ce matin... je ne sais si je me suis trompé;
Mais un mot, un regard, un soupir échappé...
Gardons-nous de saisir ces vaines apparences :
Je dois partir encor, si j'ai des espérances.
Je ne la verrai point. Qu'elle ignore à jamais.
Ce que j'étais, surtout à quel point je l'aimais.
Je vais poursuivre ailleurs ma pénible carrière.
Seul, triste, abandonné de la nature entière,
Sans secours, n'emportant avec moi qu'un seul bien:
C'est un cœur qui du moins ne me reproche rien.
Oui, je pars.

SCÈNE XIII

M. BELFORT, ROSE.

ROSE.

Vous partez?

M. BELFORT.

Pourquoi donc me surprendre?

ROSE.

J'accourais vous chercher. Mais que viens-je d'entendre?
Monsieur, est-il bien vrai?

M. BELFORT.

Oui, Rose, je m'en vais.

ROSE.

Quoi! vous vous en allez? pour toujours?

M. BELFORT.

Pour jamais.

ROSE.

Ah! bon Dieu! mais pourquoi?

M. BELFORT.

Pardon, ma chère Rose
Je pars, et je ne puis vous en dire la cause.

ROSE.

Vous aurait-on ici donné quelques chagrins?

M. BELFORT.

Non, aucun : de personne ici je ne me plains.

ROSE.

Pauvre Angélique! hélas! que je vais la surprendre!
A cet événement elle est loin de s'attendre.
Voyez! tous les malheurs lui viennent à la fois.

M. BELFORT.

Mais... mon départ n'est pas un grand malheur, je crois

ROSE.

Je sais ce que je dis. Je connais ma maîtresse,
Et je vois bien à vous comme elle s'intéresse.
Puis, j'en juge par moi : d'ailleurs, il est si tard!
Encor vous êtes seul : ah! mon Dieu! quel départ!

M. BELFORT.

Ce tendre adieu me touche.

ROSE.

Et vous partez?

SCÈNE XIV

LES MÊMES, MADAME DE ROSELLE

ROSE.

Madame...
Vous me voyez chagrine, et jusqu'au fond de l'âme.
Monsieur Belfort s'en va, mais s'en va tout à fait.

MADAME DE ROSELLE, *à M. Belfort.*

Et quel sujet de grâce?...

ROSE.

Il n'a point de sujet

MADAME DE ROSELLE.

Allez, Rose.

ROSE, à M. Belfort.

Je puis dire à mademoiselle.
Qu'avant votre départ vous prendrez congé d'elle ?

M. BELFORT.

Ne le lui dites pas.

ROSE.

Non? vous avez bien tort.
Adieu donc, pour jamais, adieu, monsieur Belfort.

M. BELFORT.

Adieu de tout mon cœur, adieu, ma chère Rose.

ROSE.

Écrivez-nous du moins; c'est bien la moindre chose.

M. BELFORT.

Oui, Rose; de mon sort je vous informerai.

ROSE, part, se retourne, et crie en pleurant.

Marquez-moi votre adresse, et je vous répondrai.

SCÈNE XV

M. BELFORT et MADAME DE ROSELLE.

MADAME DE ROSELLE.

Quoi! vous partez, monsieur? Quelle raison soudaine?...

M. BELFORT.

J'en ai mille, qu'ici vous devinez sans peine.

MADAME DE ROSELLE.

Oui, malgré l'amitié que je puis vous porter,
Je sens que plus longtemps vous ne pouvez rester.

M. BELFORT.

Recevez mes adieux, et croyez que l'absence
Ne fera qu'ajouter à ma reconnaissance.

MADAME DE ROSELLE.

Vous ne m'en devez point. Hélas! j'aurais voulu
Faire bien plus pour vous : j'ai fait ce que j'ai pu.
Je n'oublierai jamais votre rare conduite,
Votre discrétion, et surtout cette fuite.
Je compte aussi, monsieur, sur votre souvenir.

M. BELFORT.

Croyez, madame...

MADAME DE ROSELLE.

Ah çà! qu'allez-vous devenir?

M. BELFORT.

Vers mon père, à Paris, je vais d'abord me rendre.

MADAME DE ROSELLE.

C'est le meilleur parti que vous ayez à prendre.
Dites-lui bien... Mais quoi ! je vois près de ces lieux
Quelqu'un rôder d'un air assez mystérieux.

SCÈNE XVI

UN POSTILLON en veste bleue, avec la plaque d'argent.
M. BELFORT, MADAME DE ROSELLE.

MADAME DE ROSELLE.

Eh bien! qu'est-ce?

LE POSTILLON.

Excusez mon embarras extrême
De ma commission je suis surpris moi-même.
Car ordinairement, je ne vais guère à pied;
Mais je suis complaisant... quand je suis bien payé.

M. BELFORT.

Çà, que demandez-vous?

LE POSTILLON.

Pardon... mais, pour bien faire
Il faudrait, à la fois, et parler et se taire.
A ma place, un nigaud vous avouerait d'abord
Qu'il demande un monsieur... qui se nomme Belfort.

M. BELFORT.

Mais c'est moi.

LE POSTILLON.

Dans les yeux nous savons un peu lire

MADAME DE ROSELLE.

A la bonne heure; mais qu'avez-vous à lui dire?

LE POSTILLON.

Oh! rien du tout, madame; et je n'ai dans ceci.
Qu'à remettre à monsieur le billet que voici.

(Il donne un billet à M. Belfort.)

M. BELFORT.

De quelle part?

LE POSTILLON.

Monsieur le verra dans la lettre.

M. BELFORT.

Ah!... Madame, pardon, vous voulez bien permettre!

MADAME DE ROSELLE.

Monsieur, je vous en prie.

(Au postillon, pendant que M. Belfort décachète et ouvre le billet.)

Eh mais! vraiment, l'ami,

Vous ne paraissez gai ni plaisant à demi.

LE POSTILLON.

J'ai couru le pays, et j'ai vu bien du monde :

Cela fait que je sais comme il faut qu'on réponde.

M. BELFORT.

Ah! madame!

MADAME DE ROSELLE.

D'où vient ce mouvement soudain?

M. BELFORT.

C'est de mon père.

MADAME DE ROSELLE.

Bon!

M. BELFORT.

Je reconnais sa main.

LE POSTILLON.

Dès le premier abord, j'ai su vous reconnaître.

M. BELFORT.

C'est lui : de mes transports je ne suis pas le maître.

(Il lit haut.)

Voici ce qu'il m'écrit : « Viens, accours promptement,

« Mon ami; tu suivras celui que je t'envoie...

LE POSTILLON.

Oui, monsieur.

M. BELFORT, continuant de lire.

« Je t'écris avec bien de la joie,

« Et je ne doute point de ton empressement. »

(Au postillon.)

Oh! non. Est-il bien loin?

LE POSTILLON.

A la poste voisine.

M. BELFORT.

Bien portant?

LE POSTILLON.

A merveille. Il a fort bonne mine,
Une gaîté charmante.

M. BELFORT.

Il paraît donc heureux?

LE POSTILLON.

Mais il en a bien l'air. C'est qu'il est généreux!...
Comme un roi. Nous ferions des fortunes rapides,
Si les courriers payaient sur ce pied-là les guides.

MADAME DE ROSELLE.

Vous êtes postillon?

LE POSTILLON.

Madame, à vous servir;
Et chacun vous dira que je mène à ravir.

MADAME DE ROSELLE, à M. Belfort,

Eh bien! menez monsieur. Partez donc tout de suite.

M. BELFORT.

Oui, madame.

MADAME DE ROSELLE.

Avec lui revenez au plus vite.
Qu'il vienne ce soir même et qu'il vienne en ce lieu.

M. BELFORT.

Croyez qu'il y viendra, madame.

MADAME DE ROSELLE.

Sans adieu.

LE POSTILLON.

Allons, mon officier, venez voir votre père.
Je n'ai pas mal rempli mon message, j'espère.
N'aurait-on à porter qu'une lettre, un billet,
Il faut autant qu'on peut, faire bien ce qu'on fait.

ACTE CINQUIÈME

SCÈNE I

M. DE PLINVILLE, seul.

J'ai donc dit à mes gens qu'il fallait se résoudre
A me quitter : pour eux, hélas! quel coup de foudre!

Leur désolation m'afflige, en vérité...
Mais il est doux pourtant d'être ainsi regretté.
Si je m'étais défait du jardinier, de Rose,
Et du bon vieux Picard, c'était bien autre chose !
Pour Belfort, près de moi je le garde à jamais :
C'est un ami plutôt qu'un secrétaire... Eh ! mais,
Que veut Picard? il reste, il vient me rendre grâce.

SCÈNE II

M. DE PLINVILLE, PICARD.

M. DE PLINVILLE.

Eh bien, es-tu content? tu conserves ta place.

PICARD.

Point du tout, car je viens demander mon congé.

M. DE PLINVILLE.

Mais c'est toi que je veux garder.

PICARD.

Bien obligé :
Mais moi je veux sortir, voilà la différence.

M. DE PLINVILLE.

Pourquoi?

PICARD.

Parce qu'il est plus naturel, je pense,
Que je m'en aille, moi. Vous voulez renvoyer
Du monde; c'est à moi de partir le premier,
Car je suis le plus vieux.

M. DE PLINVILLE.

Tu m'es trop nécessaire :
Je suis accoutumé...

PICARD.

Je n'y saurais que faire.
Et d'ailleurs, je suis las de servir : en deux mots,
Je vais me reposer.

M. DE PLINVILLE.

Eh mais ! c'est un repos,
Une retraite enfin que ton service.

PICARD.

Peste!
Une belle retraite ! et c'est moi seul qui reste !

M. DE PLINVILLE.

Tout est changé, Picard, nous allons à Paris.

PICARD.

Raison de plus, monsieur. Je reste en mon pays.
Enfin, je vous l'ai dit, je veux être mon maître.

M. DE PLINVILLE.

Quoi tu veux me quitter, après m'avoir vu naître,
Toi qui devais et vivre et mourir avec moi ?

PICARD.

Il vaut encore mieux vivre et mourir chez soi.

M. DE PLINVILLE.

Je t'aimais, je croyais que tu m'aimais de même.

PICARD.

Cela n'empêche pas, monsieur, qu'on ne vous aime.
Mais après cinquante ans, on est bien aise, enfin,
De vivre un peu tranquille : il faut faire une fin.

M. DE PLINVILLE.

Il a raison ; et c'est peut-être une injustice
D'exiger qu'il me fasse un si grand sacrifice.
Pourquoi vouloir ailleurs l'empêcher d'être heureux ?
Il faut aimer les gens, non pour soi, mais pour eux.
Il va se réunir à son petit ménage,
A sa femme, à ses fils : il est temps, à son âge ;
Et quand j'aurai besoin de lui, je me dirai,
Il vit content : alors je me consolerai.
Mais tu pleures, je crois?

PICARD.

Je ne puis m'en défendre ?
Moi vous quitter, après ce que je viens d'entendre
J'en serais bien fâché. Je reviens sur mes pas,
Monsieur ; si vous voulez, je ne partirai pas.

M. DE PLINVILLE.

Depuis assez longtemps, mon ami, tu travailles.
Non, non, décidément je veux que tu t'en ailles.

PICARD.

Voyez donc ! il me chasse au bout de cinquante ans !
Je ne veux plus sortir.

M. DE PLINVILLE.

Ne sors pas, j'y consens.
Mais pourquoi te fâcher ainsi depuis une heure?

PICARD.

J'ai tort. Encore un coup, je veux rester

M. DE PLINVILLE.

Demeure.

PICARD.

Pardonnez. Je suis brusque et de mauvaise humeur :
Mais dans le fond, monsieur, croyez que j'ai bon cœur.

M. DE PLINVILLE.

Tu viens de m'en donner une preuve certaine.
Il est vrai qu'un moment tu m'as fait de la peine;
Mais tu m'as fait encor plus de plaisir.

(En le serrant dans ses bras.)

Allons,
Mon vieux ami, jamais nous ne nous quitterons.
Me le promets-tu bien?

PICARD.

Est-ce encore un reproche?

M. DE PLINVILLE.

Non, mon cher. Laisse-moi, car Morinval s'approche.

(Il regarde Morinval, qui s'avance sans le voir. — Picard sort.)

Ma fille a déclaré qu'elle ne l'aimait pas.
Il est au désespoir : il soupire tout bas.
Je veux le consoler.

SCÈNE III

M. DE PLINVILLE, M. DE MORINVAL.

M. DE PLINVILLE.

Sortez donc, je vous prie,
Mon cher, de cette sombre et morne rêverie.
Votre malheur, au fond, se réduit à ce point :
C'est que l'on vous a dit qu'on ne vous aimait point.
Je sens qu'un pareil coup d'abord est un peu rude :
Mais vous voilà guéri de votre incertitude.

M. DE MORINVAL.

Le beau remède!

M. DE PLINVILLE.

Enfin, il vaut mieux, Morinval,
Être, d'avance, instruit de ce secret fatal.
Angélique, d'ailleurs, n'est pas la seule au monde.
Il se peut qu'à vos soins un autre objet réponde.

M. DE MORINVAL.

Je n'en chercherai point : j'en ferai bien le vœu.

M. DE PLINVILLE.

Tenez, s'il faut qu'ici je vous fasse un aveu.
J'approuve ce dessein. Dans un champêtre asile
Vous menez une vie assez douce et tranquille;
Surtout, vous êtes libre; oui, peut-être en effet,
Le veuvage, après tout, est-il mieux votre fait.

M. DE MORINVAL.

Vos consolations m'irriteraient, je pense,
Si je n'avais déjà pris mon parti d'avance.
Mais je l'ai pris. Ceci ne m'a point étonné.
Je déplais; dès longtemps je l'avais soupçonné :
Je suis heureux ici, comme dans tout le reste.
Aussi ce n'était point cela, je vous proteste.
Qui me faisait rêver : je voudrais aujourd'hui,
Ne pouvant rien pour moi, travailler pour autrui.

M. DE PLINVILLE.

Comment?

M. DE MORINVAL.

Oui, vous serez de mon avis, j'espère.
Je viens de découvrir un important mystère.

M. DE PLINVILLE.

Ah! voyons.

M. DE MORINVAL.

Angélique est rebelle à mes vœux;
Mais vous ne savez pas qu'un autre est plus heureux.

M. DE PLINVILLE.

Bon! un autre?

M. DE MORINVAL.

Oui, vraiment.

M. DE PLINVILLE.

Et quel est donc cet autre?

M. DE MORINVAL.

C'est Belfort.

M. DE PLINVILLE.

Belfort?

M. DE MORINVAL.

Oui.

M. DE PLINVILLE.

Quelle erreur est la vôtre?
Mais vous n'y pensez pas.

M. DE MORINVAL.

Vous pouvez, à présent,
Rire, vous récrier, trouver cela plaisant :
Il n'en est pas moins vrai que votre fille l'aime,
J'en suis sûr.

M. DE PLINVILLE.

Quoi! vraiment?... ma surprise est extrême.

M. DE MORINVAL.

Ils s'aiment.... d'un amour sage, honnête, discret :
Il l'aime sans le dire, elle brûle en secret.
Cette honnêteté même est ce qui m'intéresse,
Et je veux, près de vous, protéger leur tendresse.
Écoutez : je suis riche, et plus que je ne veux.
Je suis veuf... pour toujours, sans enfants, sans neveux.
J'aime Belfort, je veux lui tenir lieu de père.
Il me paraît bien né, sensible, doux ; j'espère
Qu'aidé de mon crédit, il fera son chemin,
Et d'Angélique, un jour, méritera la main.
Et moi, dès aujourd'hui, mon ami, je m'engage
A donner à Belfort ma terre en mariage.

M. DE PLINVILLE.

Laissez-moi respirer. Quel dessein généreux!
Eh quoi! mon cher ami, vous faites des heureux,
Et vous doutez encor si vous-même vous l'êtes!...
Mais que de ces enfants les amours sont discrètes!
Moi, j'en estime encor une fois plus Belfort.
Angélique est aimable ; il l'aime, il n'a pas tort ;
Ni ma fille non plus, car il est fait pour plaire.

M. DE MORINVAL.

Votre nièce s'avance. Ayons soin de nous taire.

SCÈNE IV

MADAME DE ROSELLE, M. DE PLINVILLE, M. DE MORINVAL.

MADAME DE ROSELLE. *de loin, à part.*

Il faut les écarter de notre rendez-vous.

(*Haut.*)

Encore ici, messieurs? Eh mais, qu'y faites vous?
Ma tante se plaint fort, et dit qu'on l'abandonne,
Qu'on se promène : au fond, elle a raison.

M. DE PLINVILLE.

Pardonne.

MADAME DE ROSELLE.

Savez-vous qu'en effet cela n'est pas galant?

M. DE MORINVAL.

Monsieur me consolait.

MADAME DE ROSELLE.

Mon oncle est consolant,
Je le sais; mais, de grâce, allez trouver ma tante.

M. DE PLINVILLE.

Oui, dès qu'elle me voit, elle paraît contente.
Adieu. Redites-moi vos résolutions;

(*Bas, à Morinval, en s'en allant.*)

Car j'aime avec transport les belles actions.

SCÈNE V

MADAME DE ROSELLE, *seule.*

La place est libre, au moins pour quelque temps, [j'espère.
Et Belfort, à présent, peut amener son père.
Ce jeune homme m'inspire une tendre amitié.
Cette pauvre cousine aussi me fait pitié.
Je voudrais les servir, et venir à leur aide.
Ne pourrais-je à leurs maux apporter de remède?

SCÈNE VI

M. BELFORT, MADAME DE ROSELLE.

MADAME DE ROSELLE.

C'est vous, monsieur! quoi! seul? pourquoi n'avez-vous
Amené votre père? [pas

M. BELFORT.

Il est à deux cents pas,
Au bois de Rochefort.

MADAME DE ROSELLE.

Qui l'empêchait, de grâce,
De venir avec vous jusque dans cette place?

M. BELFORT.

En voici la raison : il diffère d'entrer.
Parce qu'il ne veut pas encore se déclarer
D'abord je vous annonce une grande nouvelle :
La fortune pour lui cesse d'être cruelle.
Le jeu le ruina : par un nouveau retour,
Le jeu, plus que jamais, l'enrichit en ce jour.
Et moi, sentant qu'enfin mon sort n'est plus le même,
Qe je puis, au contraire, enrichir ce que j'aime,
J'ai tout dit à mon père. Il approuve mon feu,
Et consacre à son fils tout le produit du jeu.

MADAME DE ROSELLE.

C'est le placer fort bien.

M. BELFORT.

Ce n'est pas tout encore.
On aime à se vanter de ce qui nous honore.
J'ai parlé des bontés que vous aviez pour moi;
Et je vous ai nommée... « O ciel (dit-il) eh quoi?
« Madame de Roselle! elle doit m'être chère :
« Une tendre amitié m'unissait à son père. »
Enfin il veut vous voir, il veut vous consulter.

MADAME DE ROSELLE.

Un tel empressement a droit de me flatter.

M. BELFORT.

Sur moi, dit-il, il a quelques desseins en tête.
Ainsi vous comprenez le sujet qui l'arrête.
Avant de voir personne, il voudrait vous parler.

MADAME DE ROSELLE.

Au bois de Rochefort hâtons-nous donc d'aller.

M. BELFORT.

Ah ciel! je vois venir l'adorable Angélique.
Permettez qu'avec elle une fois je m'explique.

MADAME DE ROSELLE.

Pas encor.

M. BELFORT.

Je voudrais savoir si, dans le fond,
On m'aime.

MADAME DE ROSELLE.

L'on vous aime, et je vous en répond.
Laissez-moi lui parler.

SCÈNE VII

LES PRÉCÉDENTS, ROSE, ANGÉLIQUE.

ROSE, de loin, à Angélique.

Ah! Dieu, mademoiselle !
Monsieur Belfort avec madame de Roselle.

ANGÉLIQUE

Rose disait, monsieur, que vous étiez parti.

M. BELFORT.

Qui ? moi, quitter ces lieux ? Jamais... j'étais sorti...
Un moment.

MADAME DE ROSELLE.

Quelquefois un seul moment amène
Bien des choses.

M. BELFORT.

Sans doute; et j'ose croire à peine
Au changement...

MADAME DE ROSELLE, à M. Belfort.

(Bas.) (Haut.)

Paix donc. Qu'on me suive à l'instant

ANGÉLIQUE.

On ne peut donc savoir...

MADAME DE ROSELLE.

Pardon ; l'on nous attend
Pour conclure une affaire... une affaire pressée,
Dans laquelle vous-même êtes intéressée.
Sans adieu !

(Elle sort avec M. Belfort.)

SCÈNE VIII

ROSE, ANGÉLIQUE.

ANGÉLIQUE.

Que dit-elle ? Une affaire où je suis
Intéressée !... Eh! mais, à ceci je ne puis
Rien comprendre.

ROSE.

Ni moi. Monsieur Belfort m'étonne;
Car je l'ai vu partir.

ANGÉLIQUE.

Tiens, Rose, je soupçonne
Qu'il lui vient d'arriver un bonheur imprévu.

ROSE.

Vous croyez ? Ah ! tant mieux !

ANGÉLIQUE.

Jamais je ne l'ai vu
Si joyeux ni si vif, surtout jamais si tendre.
Il ne m'a dit qu'un mot, qui semblait faire entendre...
Que te dirais-je enfin ? J'espère, en vérité...

ROSE.

Tout ceci pique aussi ma curiosité.
Voici monsieur. Comment ! il est presque en colère.
Pour la première fois, qui peut donc lui déplaire ?

SCÈNE IX

ROSE, ANGÉLIQUE, M. DE PLINVILLE.

ANGÉLIQUE.

Mon père, vous semblez fâché ?

M. DE PLINVILLE.

J'en fais l'aveu.
Oui, je sens qu'en ce monde il faut souffrir un peu.
Morinval vient de faire une action nouvelle,
Aussi belle que l'autre, et peut-être plus belle...
En faveur de quelqu'un qui ne te déplaît pas,
Ma fille... et dont je fais moi-même un très-grand cas
Mais, par malheur, ce plan ne plaît pas à ta mère.
Nous la pressons en vain : elle a du caractère.

De là quelques débats : moi qui n'y suis point fait,
J'ai laissé Morinval défendre son projet,
Et je viens respirer.

ANGÉLIQUE.

Et ne pourrais-je apprendre...

M. DE PLINVILLE.

Pas encore. Avant peu, ma femme va se rendre ;
Car elle a de l'esprit. Puis, tour à tour, il faut
L'un à l'autre céder : moi, j'ai cédé tantôt.
A vendre cette terre elle était décidée :
J'ai, quoiqu'avec regret, adopté son idée.

ANGÉLIQUE.

Vous avez consenti ?

M. DE PLINVILLE.

Mon enfant, que veux-tu ?
Moi je suis complaisant, c'est ma grande vertu.
Nous irons à Paris. Les champs, la capitale,
Toute demeure, au fond, pour le sage est égale.

ANGÉLIQUE.

Partout où vous serez, je serai bien aussi,
Mon père.

ROSE.

Cependant, nous étions bien ici.

M. DE PLINVILLE.

Mais avec Morinval je la vois qui s'avance.
S'ils pouvaient tous les deux être d'intelligence !
Nous serions tous contents.

SCÈNE X

ROSE, ANGÉLIQUE, MADAME DE PLINVILLE, M. DE MORINVAL, M. DE PLINVILLE.

M. DE MORINVAL.

De grâce, permettez,
Madame...

MADAME DE PLINVILLE.

C'est en vain que vous me tourmentez :

(A Angélique.)

Ne me parlez jamais de Belfort. A merveille!
C'est vous qui m'attirez une scène pareille.

ANGÉLIQUE.

Je ne sais pas encor de quoi vous m'accusez.

MADAME DE PLINVILLE.

Vous souffrez près de vous des amants déguisés...

ANGÉLIQUE.

De ce déguisement j'ignore le mystère.
Serait-il autre chose ici qu'un secrétaire?

MADAME DE PLINVILLE.

Je vous dis qu'il vous aime.

ANGÉLIQUE.

Eh bien! donc, je le croi.
S'il lui plaît de m'aimer, est-ce ma faute, à moi?

MADAME DE PLINVILLE.

Vous-même, vous l'aimez.

ANGÉLIQUE.

Qui vous dit que je l'aime?
A peine, en ce moment, si je le sais moi-même.

ROSE.

Et quand cela serait, je l'aime bien aussi;
Ces messieurs... tout le monde, en un mot, l'aime ici.

MADAME DE PLINVILLE.

Rose, vous tairez-vous! modérez votre zèle.

ROSE.

Mais c'est que vous grondez toujours mademoiselle.

M. DE PLINVILLE.

Ne grondons point, ma femme; entendons-nous: cau- [sons.
Pour refuser Belfort, quelles sont vos raisons?

MADAME DE PLINVILLE.

C'est un aventurier.

M. DE PLINVILLE.

Madame de Rosselle.
Connaît beaucoup son père.

MADAME DE PLINVILLE.

Eh bien! tant mieux pour elle

M. DE PLINVILLE.

Puis il s'est fait connaître.

MADAME DE PLINVILLE.

Il est, d'ailleurs, sans bien.

M DE MORINVAL.

Mais, encore une fois, je l'aiderai du mien.

MADAME DE PLINVILLE.

Mais, encore une fois, gardez donc ces largesses :
Nous n'avons pas besoin, monsieur, de vos richesses.

M. DE MORINVAL, à M. de Plinville.

Je n'ai plus rien à dire, et je sors. Vous voyez
S'il faut croire au bonheur que vous me promettiez !
Je ne puis d'Angélique être l'époux moi-même ;
Et je ne puis l'unir avec celui qu'elle aime.
Rien ne me réussit ; et, pour dire encor plus,
J'offre mon bien aux gens, et j'essuie un refus.

(Il sort.)

SCÈNE XI

ROSE, ANGÉLIQUE, MADAME et M. DE PLINVILLE.

M. DE PLINVILLE.

Il est vrai qu'un tel coup me serait bien sensible.
Serait-il malheureux ? Cela n'est pas possible.
Non, il n'est d'homme à plaindre ici que le méchant.
Morinval d'un bon cœur a suivi le penchant :
Quoique son offre ait eu le malheur de déplaire,
C'est avoir fait le bien, qu'avoir voulu le faire.

ROSE, qui s'était retirée au fond du théâtre, revient en courant.

Madame de Roselle...

MADAME DE PLINVILLE.

Eh bien ?

ROSE.

Est à deux pas ;
Elle amène un monsieur que je ne connais pas.

ANGÉLIQUE.

Un monsieur ?

M. DE PLINVILLE.

Quelque ami qui vient me voir...

SCÈNE XII

LES MÊMES, MADAME DE ROSELLE, M. DORMEUIL.

MADAME DE ROSELLE.

Ma tante,
Permettez que moi-même ici je vous présente
Monsieur, un étranger qui désirerait voir
Votre terre...

MADAME DE PLINVILLE.

Au château nous allons recevoir
Monsieur...

M. DORMEUIL.

Je suis fort bien. A la première vue,
Madame, tout me plaît; une triple avenue,
Une entrée imposante, un superbe château,
Un parc immense; enfin, tout est grand, tout est beau.
On sait bien que jamais un acheteur ne loue :
Mais cette terre, à moi, me plaît, et je l'avoue.

M. DE PLINVILLE.

L'acquéreur même aussi me plairait en tout point.

MADAME DE ROSELLE.

Oh ! c'est un acquéreur... comme l'on n'en voit point.

MADAME DE PLINVILLE.

Monsieur s'annonce bien.

M. DORMEUIL.

Eh!... que sait-on ? Peut-être,
Gagnerai-je madame, à me faire connaître.

MADAME DE PLINVILLE.

J'aime à le croire.

M. DORMEUIL.

Eh ! mais, ces bois sont enchantés.
Les beaux arbres !

M. DE PLINVILLE.

C'est moi qui les ai tous plantés.
Ces arbres dès longtemps me prêtaient leur ombrage.

M. DE DORMEUIL.

Ce n'est pas encor là votre plus bel ouvrage.
(En saluant Angélique.)
De la terre je vois le plus digne ornement.

M. DE PLINVILLE.

Tout le monde, en effet, nous en fait compliment.
Vous paraissez, monsieur, un digne et galant homme.

M. DORMEUIL.

Au fait, vous estimez votre terre la somme?...

M. DE PLINVILLE.

(Il arrête et regarde sa femme.)

Mais je crois qu'elle vaut... Combien ?

MADAME DE PLINVILLE.

Cent mille écus.

M. DORMEUIL.

Je ne contesterai point du tout là-dessus.
Je m'en rapporte à vous.

MADAME DE PLINVILLE.

Un procédé si rare
Me touche.

M. DORMEUIL.

Il est toutsimple. En outre, je déclare
Que j'entends bien payer la terre argent comptant.

M. DE PLINVILLE.

A votre aise.

M. DORMEUIL.

Pardon, c'est un point important,
Qui me regarde seul. Oui, je me crains moi-même.
J'ai sur certain article une faiblesse extrême.
Tenez, il faut qu'ici je vous fasse un aveu.
Le prix de votre terre est un argent du jeu :
Par cet achat du moins je sauve une partie
De six cent mille francs, que dans une partie.

MADAME DE ROSELLE.

Quoi ! vous avez gagné deux fois cent mille écus ?

M. DORMEUIL, souriant.

On peut bien les gagner, quand on les a perdus.

MADAME DE PLINVILLE.

Quel est celui qui perd une somme si forte ?

M. DE PLINVILLE.

Bon ! le connaissons-nous ? ainsi, que nous importe.
Voyons celui qui gagne, et non celui qui perd.

MADAME DE ROSELLE.

Eh ! oui.

ANGÉLIQUE.

Le malheureux, sans doute, a bien souffert.

M. DORMEUIL.

Ma foi, c'est un joueur hardi, vif et tenace,
Un petit financier.

MADAME DE PLINVILLE.

Un financier ! De grâce,
Vous le nommez ?

M. DORMEUIL.

Dorval.

MADAME DE PLINVILLE.

Je l'avais soupçonné,
Monsieur, c'est votre bien que vous avez gagné.

M. DORMEUIL.

J'aimerais mieux avoir gagné celui d'un autre :
Mais il pourrait encor redevenir le vôtre ;
Il ne tiendra qu'à vous.

M. DE PLINVILLE.

Comment ?

M. DORMEUIL.

Rien n'est plus clair.
Je n'ai qu'un fils, madame, un fils qui m'est bien cher :
Unissez-le, de grâce, avec mademoiselle.
L'argent sera pour vous, et la terre pour elle.

M. DE PLINVILLE.

Monsieur...

M. DORMEUIL.

Vous hésitez, et vous avez raison,
Ne me connaissant pas. Mais Dormeuil est mon nom.
Mon habit vous annonce un ancien militaire.

MADAME DE ROSELLE.

Oui, monsieur était même un ami de mon père,
N'ayant qu'un sel défaut, et mille qualités.

(Bas à Angélique.)

Ce parti me paraît très-sortable. Acceptez.

M. DE PLINVILLE.

Ma fille, tu pourrais rendre cela possible.

MADAME DE PLINVILLE, M. DORMEUIL.

Je l'espère. Je suis on ne peut plus sensible
A votre offre, monsieur : je l'accepte.

M. DORMEUIL, très-haut.

Mon fils,
Venez remercier madame.

SCÈNE XIII

LES MÊMES, M. BELFORT.

M. BELFORT.

J'obéis.

MADAME DE PLINVILLE.

Ah ! que vois-je ?

MADAME DE ROSELLE.

Ceci trompe un peu votre attente

MADAME DE PLINVILLE.

Comment ? voici le fils de monsieur ?

MADAME DE ROSELLE.

Oui, ma tante.

M. DE PLINVILLE.

Je ne m'attendais pas à celui-ci, ma foi !
Voyez donc comme enfin tout s'arrange pour moi !

M. DORMEUIL, à madame de Plinville.

Madame voudrait-elle, à présent, se dédire ?

MADAME DE PLINVILLE.

Monsieur est votre fils : je n'ai plus rien à dire,
Car je rendis toujours justice à ses vertus.

M. BELFORT.

Ah ! de tant de bontés vous me voyez confus.
(A Angélique.)
Dormeuil vous aime autant que Belfort a pu faire,
Et Belfort et Dormeuil...

ANGÉLIQUE.

Savent tous deux me plaire.

ROSE, à M. Belfort.

Pour moi, je ne sais pas, monsieur, si j'aurais tort :
Mais je vous nommerai toujours monsieur Belfort.

M. DORMEUIL.

J'ai, depuis quelque temps, essuyé bien des peines.
Enfin la chance tourne : il est d'heureuses veines.

M. DE PLINVILLE.

Moi, je n'ai jamais eu que du bonheur ; eh bien !
Je suis, en ce moment, presque étonné du mien.

MADAME DE ROSELLE.

Gardez votre bonheur ; il vous sied à merveille.

M. DE PLINVILLE.

C'est qu'on ne vit jamais d'aventure pareille.
Est-ce un rêve ? J'en fais assez souvent, dit-on ;
Mais ce n'en est pas un qu'ici je fais ; oh ! non...

MADAME DE ROSELLE.

La raison ne vaut pas les songes que vous faites.
Puissions-nous être tous heureux comme vous l'êtes !

MADAME DE PLINVILLE.

Il ne sent pas qu'il l'est par hasard cette fois.

M. DE PLINVILLE.

Qu'importe le hasard, pourvu que je le sois ?
En quelque sorte on peut faire sa destinée...
Mais récapitulez avec moi la journée.
On était convenu d'un voyage sur l'eau ;
Si nous partions, le feu consumait le château.
On reste ; on l'éteint. Bon. Belfort, mon secrétaire,
Plaît à ma fille, il est fils d'un vieux militaire.
Je perds cent mille écus : fort bien. Voilà d'abord
Que celui qui les gagne est père de Belfort.
Monsieur me fait une offre aussi noble que franche,
Et, sans avoir joué, moi, je prends ma revanche.
Il propose son fils ; et, par un tour plaisant,
Ma femme le reçoit, tout en le refusant ;
Et ma fille, d'abord un peu contrariée,
Au gré de ses désirs se trouve mariée.
Je voudrais bien tenir notre ami Morinval :
Nous verrions s'il dirait encor que tout est mal.

MADAME DE ROSELLE.

S'il allait, comme vous, devenir optimiste ?

M. DE PLINVILLE.

Je ne sais; il est né mélancolique et triste.
Et, comme je l'ai dit, sa tristesse lui plaît.
Il faut bien l'excuser : mais, tout chagrin qu'il est,
Peut-être il va sentir que dans la vie humaine,
Le bonheur, tôt ou tard, fait oublier la peine;
Qu'il n'en est que plus doux, et que l'homme de bien
L'homme sensible alors peut dire : *Tout est bien.*

Lectures

POÉSIE

73 La Gerbe poétique } avec notes.
74 La Corbeille
75 L'Abeille
76 La Mosaïque

Lectures

PROSE

77 Ornements } avec notes.
78 Trésor
79 La Sibérienne
80 Voyage

CORNEILLE.

81 Le Cid } avec notes historiques et commentaires
82 Horace
83 Cinna
84 Nicomède
85 Rodogune
86 Polyeucte
87 Le Menteur

RACINE

Esther } réunis
Athalie
88 Britannicus
89 Andromaque

90 Mithridate } avec notes histor. etc.
91 Iphigénie
92 Les Plaideurs

Bons Auteurs

93 Iphigénie Tauride } avec notes historiques.
94 Manlius
95 Macbeth
96 Hamlet

Sujets français

97 Templiers
98 Charles IX
99 Siége Calais
100 Jeanne d'Arc

DONNER AUX ENFANTS 50 C.

pour acheter

CINQ BONS LIVRES :

N° 1.	**Alphabet progressif** (A, B, C, *Arithmétique*, — *Géographie*, — *Dessin*, — *Musique*, etc.). Tout cela pour. .	10 c.
N° 35.	**La Musique** *facilement apprise*. . .	10
N° 64.	**Nids d'oiseaux**, *charmant ouvrage*	10
N° 68.	**Gymnastique**, avec 200 figures.	10
N° 57.	**Le Bon Livre** contre IGNORANCE, — IVROGNERIE, — TABAC (*Œuvre couronnée*), 73e édition.	10
	TOTAL.	50 c.

50 centimes TRÈS-BIEN EMPLOYÉS

EN VENTE CHEZ TOUS LES LIBRAIRES:
Ils sont priés de s'adresser à leurs *Commissionnaires* ou aux Maisons

Hachette.	Allouard.	Manginot.	Brouillet.
Verney.	Guérin.	Coste.	Claverie.
Schulz.	Gaulon.	Goin.	Janmaire.

PARIS. — IMP. Vve P. LAROUSSE ET Cie, RUE NOTRE-DAME-DES-CHAMPS, 49

PARIS. — IMP. Vve P. LAROUSSE ET Cie, RUE NOTRE-DAME-DES-CHAMPS, 49.

www.ingramcontent.com/pod-product-compliance
Lightning Source LLC
Chambersburg PA
CBHW070130100426
42744CB00009B/1777

* 9 7 8 2 0 1 2 1 7 6 8 1 2 *